지식의 이중주

인문학자와 과학자의
13가지 키워드 논전논박

지식의 이중주

한국과학창의재단·교수신문 기획

해나무

불확실한 시대의 미래,
하이브리드 지식인들에게
길을 묻다

'학문 간 경계와 벽을 허물라'는 구호는 이미 보편화된 화두이자 시대의 현실입니다. 예컨대 오늘날 천문학을 연구하기 위해선 수학과 물리학이라는 언어를 컴퓨터와 각종 첨단 기기로 다룰 수 있어야 합니다. 그 과정에서 고도의 공학적 지식이 요구되는 것은 당연합니다. 심지어 외계 생명체 탐사를 위해 생물학과의 협업도 불가피합니다. 사회학의 경우에는 또 어떨까요? 복잡한 사회 현상을 해석하기 위해 능숙한 통계학적 기법과 지식은 이제 필수가 됐고, 정치, 경제, 행정은 물론이고 기술공학 등 다양한 분과의 학문 지식들을 요청하고 있습니다. 동물의 뇌 해부용 메스와 MRI를 자유자재로 다루는 심리학자들을 만나는 건 어려운 일이 아닙니다. 언어사회학, 도시인문학, 지리경제학, 생물물리학 등과 같은 용어는 곳곳에서 산출되고 있는 잡종 지식의 양상을 잘 보여주고 있습니다.

학제 간 연구의 이러한 범람은 자신의 전문 영역에 갇힌 전문가가 아니라 보편적 시야를 가진 백과사전적 지식인의 출현을 요청하고 있습니다. 경제 개발이 환경오염과 무관할 수 없고, 생명공학 실험실에서 일어나는 일이 인간윤리의 위기와 별개일 수 없으며, 혁신적 발명 하나가 정치·사회·경제 질서를 송두리째 뒤흔들 수 있는 시대이기 때문이지요. 경제학자도 환경에 대해서 식견을 가져야 하고, 윤리학자에게 최첨단 생명공학에 대한 지식은 필수가 됐습니다.

학문 분과 간의 이러한 소통과 협력은 결코 순탄하게만 이루어지지는 않습니다. 생산력 증대를 통한 경제 발전이라는 경제학의 논리는 생태계와의 공생이라는 환경윤리학의 모토와 배치될 수밖에 없습니다. 인간 정체성 수호를 말하는 철학자에게 생명공학자의 연구는 위험한 것으로 비춰질 수 있습니다. 막대한 예산을 투자하는 입자물리학 실험이 사회복지학자들에겐 다소 불만스러운 것도 당연합니다. 소통과 접합 대신에 갈등과 불신 그리고 오해가 비일비재한 현실입니다.

이러한 현실에 대한 문제의식 속에서 〈교수신문〉은 한국과학창의재단의 〈사이언스 타임즈〉와 공동으로 지난 6개월간 '학문 간 대화로 읽는 공동 키워드' 라는 기획을 진행했습니다. 오늘날 지식의 최전선에 있는 주요 이슈들은 결코 특정 분과 학문만의 것일 수는 없다는 인식, 그리고 통합적이고 탈경계적 접근과 개방적인 태도만이 미래 문명의 초석을 다질 수 있다는 믿음이 기획 의도였습니다.

13회에 걸친 연재를 통해 우리는 하나의 키워드에 대해 서로 다른 접근이 가질 수 있는 논쟁점과 소통의 가능성을 보이고자 했습니다. GMO는 정말 생태계를 교란하는 잠재적 위험인자인가, 아니면 식량

위기 해결의 열쇠인가, 인간 삶은 진화론의 언어로 해명이 가능할까, 첨단 휴먼인터페이스는 편리한 문명 이기의 일례일까, 아니면 기계에 의존하지 않고선 아무것도 할 수 없는 디스토피아의 징후일까 등의 문제가 다뤄졌습니다.

이를 위해 우선 지식의 최신 지형과 문명의 현안을 보여줄 키워드를 수차례의 감수 끝에 13개를 선정, 6개월 전부터 각 분야에서 괄목할만한 성과를 보이는 학자들에게 원고를 의뢰하고, 서로의 견해와 원고를 교환하도록 했습니다. 학문 간의 대화라는 다소 무거운 주제에도 불구하고 저희가 시도한 이 대화는 수많은 온·오프라인 독자들로부터 뜨거운 호응을 받았습니다. 이 책은 지난해 상반기부터 쌓여온 그 성과를 정리한 것입니다.

청탁에서 재차, 삼차에 이르는 집요한 원고 수정 요구에 응해준 여러 필자 선생님들의 노고에 감사를 드립니다. 공동기획의 한 축을 기꺼이 짊어진 한국과학창의재단에도 깊은 감사를 드립니다. 어려운 출판 환경에서도 과학 출판의 지평을 열기 위해 애쓴 해나무에도 고마움을 전합니다. 아울러 기획, 편집에 이르기까지 수고한 〈교수신문〉과 〈사이언스타임즈〉 기자들에게 격려의 말을 전합니다. 이 책에 녹아든 땀과 정성이 독자들에게 고스란히 전해지길 바랍니다.

교수신문 발행인 이영수

브레인웨어 중심의
융합 시대,
창의성을 꿈꾸다

인류의 역사는 소통의 역사입니다. 과학의 진보 역시 다양한 문명 간, 학문 간 소통을 기반으로 이루어져왔습니다. 17세기에 출현한 근대과학은 물리학, 화학, 생물학 등의 과학 전문 분야로 세분화되어 발전해왔습니다. 그런데 과학과 지식이 세분화되면서 각 학문 간의 벽이 높아진 것으로 보이지만, 과학의 진보는 항상 학문 간 소통을 기반으로 했으며 이를 확산시키는 방향으로 전개되어왔습니다. 그 결과 20세기 들어 해양생물학, 지구물리학, 바이오물리학, 인지심리학, 금융수학에서 IT, BT, NT 사이의 상호융합까지 새로운 분야들이 출현했습니다. 학문의 전문화와 전문 분야들 간의 소통, 그리고 소통을 통한 새로운 학문의 출현은 인류의 창의성을 여실히 보여주는 증거이자 인류 역사가 진화해온 커다란 흐름입니다.

한국과학창의재단은 본격적인 융합과 통섭의 시대를 선도하기 위해 과학기술과 인문사회, 문화예술의 융합을 촉진하는 다양한 사업을 전개하고 있습니다. 특히, 과학기술과 인문사회 간의 융합을 통해 다가올 미래사회를 진단하고 예측함으로써 우리사회가 지속가능한 발전으로 나아갈 수 있는 근간을 마련하고자 합니다.

'학문간 대화로 읽는 키워드'는 그러한 기획 하에 추진된 것으로, 주 5회 발행하는 인터넷 과학신문 〈사이언스타임즈〉와 학술전문 주간지 〈교수신문〉이 심혈을 기울인 공동작품입니다. 이번에 발간하는 『지식의 이중주』는 2008년 6월 16일부터 12월 22일까지 게재된 '학문 간 대화로 읽는 키워드' 기사를 엮은 것입니다. 인문학자와 과학자의 13가지 키워드에 대한 논전논박은 21세기 지식의 최전선에 있는 이슈 키워드를 보다 많은 독자들과 소통하기 위해 특별히 마련한 것입니다.

철학, 심리학, 인문학 전공자와 물리학, 로봇공학, 생명과학 등 다양한 분야의 전문가들이 대화로 펼쳐내는 『지식의 이중주』에는 높은 수준의 논쟁도 있고, 타 학문의 성과를 인정하는 겸손도 있습니다. 무엇보다 현재 지식의 최전선에 있는 학문의 눈부신 성과들이 어떤 식으로 조우하는지를 확인하는 경험이 될 것입니다. '시간을 정량적으로 계측할 수 있는가'에 대한 물리학과 철학의 다른 입장들, '인공 지능'의 한계가 어디까지 갈 수 있을지에 대한 로봇 공학자와 과학철학자의 논쟁, 철학자와 생명공학자의 '죽음'에 대한 상이한 견해 등은 보는 이로 하여금 생각의 폭과 깊이 모두 늘이는 데에 이바지 할 것이라 믿어 의심치 않습니다.

학문 간 소통은 비단 학문의 차원에만 머무는 것이 아니라 기후변화, 질병, 식량, 물, 에너지 부족 등 미래를 위협하는 지구와 인류의 현안들에 대한 해결의 실마리를 제공합니다. 예를 들어 인류가 처한 기후변화에 대해 과학적 사실과 합리적 평가를 강조하는 지구물리학적 견해와 사회경제적, 문화적 구조의 차원에서 접근해야 한다는 환경사회학적 분석은 문제에 대한 다방면의 해법과 분석을 보여줍니다. 현 인류가 처한 문제는 이미 한 가지 학문이나 지식으로 해결할 수 있는 문제가 아닙니다. 그만큼 현대사회는 복잡계에 진입해 있으며 학문 간의 소통과 협력으로 지구와 인류의 현안을 극복해야 할 때입니다.

『지식의 이중주』는 인문사회과학, 자연과학, 기술공학, 문화예술 등 다양한 학문 간 소통의 생생한 현실을 제공할 것이며, 학문 간의 소통을 더욱 활성화함과 동시에 융합에 대한 독자들 간의 이해를 촉진할 것입니다. 모쪼록, 본서를 통해 독자 여러분의 지식과 이해의 지평이 넓혀지길 기대합니다. B/W(브레인웨어) 중심의 융합과 통섭의 시대, 특히 다양한 창의적 인재가 요구되는 미래사회를 이끌어가야 할 청소년들이 새로운 영감을 얻는 기회가 되기를 기원합니다.

한국과학창의재단 이사장 정윤

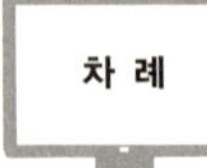

차 례

"일부 몇 국가는 단기적으로는 기후변화의 혜택을
입을지 몰라도, '승자'는 없을 것이다.
지구의 어떤 지역도, 전 지구적 기후변화의 증강되는
악영향의 폭포에 시달릴 가능성이 있다. 거침없이
변화하는 지구 기후는 예측이 어려운 형태로
생태계의 역학적 안정을 무너뜨릴 것이다."

기상청, 「전환의 시대 : 전 지구 기후변화의
　　　　　대외 정책과 국가안보 시사」 중에서

지구온난화 경고의 비과학적 면모

김해동

계명대 환경방재시스템학과 교수

부산대학교 대학원 지구과학과에서 석사학위를 받고, 동경대학교 이학계연구과 지구물리학과에서 박사학위를 받았다. 현재 계명대학교 환경대학에 재직 중이다. 기후변화, 대기오염, 환경철학 등에 관심을 가지고 있다. 지은 책으로는 『생활환경과 기상』 『알기 쉬운 전략환경영향평가』 등이 있고, 논문으로는 「대구의 도시화로 인한 국지순환장의 변화가 기온상승에 미치는 효과」 「가중 앙상블 기법을 이용한 계절적 강수예보 가능성에 관한 연구」 등이 있다.

이러한 문제는 지구온난화에 관한 다양한 경고들이
보편적으로 받아들여지고 있는 이론이 아니라,
특정 이론에 입각해서 미래에 현실로 나타날지도 모르는
어떤 가능성을 말하는 것에 불과하다는 점이 생략된 채로
대중에게 전달되기 때문에 발생하는 것입니다.

오늘날 지구온난화에 수반된 기후변화의 문제는 언론과 서적을 통해 많이 전달돼 사람들에게 친숙한 문제로 인식되고 있습니다. 그렇다면 기후변화에 관한 과학적 이해도 그만큼 충분하게 달성된 것일까요. 실상은 장님 코끼리 만지기 같은 현상이 벌어져, 무엇이 진실에 가까운지조차 판단하기 어려운 실정에 있습니다. 그러한 대표적인 사례를 몇 가지 살펴보고 이 문제를 해결하기 위한 방법을 생각해보고자 합니다.

우선 지구온난화 전망에 관한 것입니다. 2008년 5월에는 네이처 지(誌)가 향후 10년간 지구온난화가 중단될 것이라는 연구 결과를 발표해 지구온난화 경고에 익숙해져 있던 사람들을 어리둥절하게 만든 사건이 있었습니다. 이 결과는 불과 한 해 전에 발표된 유엔 산하 IPCC(기후변화에 관한 정부간 패널) 4차 보고서의 예측과 다른 것이었습니다.

IPCC는 온실기체 배출시나리오에 따라서 향후 100년간 발생할 기온상승을 최하 1.8도에서 최고 6.4도에 이를 것이라고 전망했었습니다. IPCC에서는 향후 10년간 지구의 평균온도가 적어도 약 0.2도 상승할 것으로 본 셈입니다.

그러나 독일 킬 대학교의 연구팀은 지난 50년간의 관측 자료를 바탕으로 해양 순환모델로 평가해본 결과 앞으로 10년간 멕시코 만류가 약화될 것이라는 결론을 얻은 것입니다.

대서양의 해류의 강도는 60~70년마다 주기적으로 변하는데, 지금부터 해류가 약화되는 시기로 접어든다고 합니다. 멕시코 만류는 적도

지구는 지금 위험에 처해 있는 것일까? 지구온난화, 과격한 기상이변, 빙하 감소 등 지구의 기후변화가 눈에 띄게 커졌다. 자연적인 현상인 것인지, 인류에 의해 부추겨진 것인지 등 기후변화의 원인에 대해서도 의견이 분분하다. 그러나 기후변화에 지나친 공포나 불안감은 일면 잘못된 보고서나 언론보도에 의해 조장된 측면이 있다.

부근의 열을 유럽과 북미대륙으로 전달하는 거대한 해류로, 쿠로시오는 북위 40도 정도까지 열을 수송하고 있지만 멕시코 만류는 북위 80도 부근까지 수송합니다. 그래서 멕시코 만류의 영향을 받는 대서양의 고위도 지역은 같은 위도의 다른 지역에 비해 기온이 4~6도 정도 높습니다. 따라서 멕시코 만류가 약화되면 이 지역의 지상기온이 하강해 지구의 평균온도를 낮추게 됩니다. IPCC의 예측에는 자연적 요인에 의한 기후변화 효과가 간과됐던 것입니다.

일반인들에게 잘 알려져 있는 것 중에도 과학적으로 타당성을 인정하기 어려운 사례를 발견할 수 있습니다. 영화 〈투모로우〉와 〈불편한 진실〉의 중심 화제, 즉 양극지방의 빙하가 녹아 해수면이 상승하고 멕시코 만류가 정지해 유럽대륙에 소빙하기가 도래한다는 내용의 과학적 타당성을 살펴보겠습니다.

우선, 영화는 양극지방의 빙하가 급속도로 녹아내리고 있으며, 이로 인해 향후 60년 이내에 해수면이 6미터 이상 상승할 것이라고 주장하고 있습니다.

영화 속 내용은 과연 과학적으로 타당할까요? IPCC 보고서에서 인정하는 지난 40년간의 해수면 상승은 불과 7센티미터이고, 최악의 온실기체 배출시나리오(A1F1)를 가정했을 경우에도 향후 100년 동안의 해수면 상승은 26~59센티미터입니다. 300년 후에 예상되는 해수면 상승 높이가 겨우 80센티미터에 지나지 않는 것으로 제시되어 있습니다. 금세기 중에 해수면이 6미터 상승한다는 시나리오는 2006년 미국 콜로라도 대학교의 이사벨라 베리코냐Isabella Velicogna 등이 발표한 보고서에 기초하고 있는데, 이것은 자료 사용에 오류가 있었던 것으로 이미 판명된 보고서입니다.

한편, 남극의 빙하가 주변부에서 붕괴되는 장면을 볼 수 있지만, 남극 대륙은 매우 넓고 기후가 혹독해 중심부의 환경변화에 대해서는 제대로 알려진 것이 없습니다. 그러나 인공위성의 궤도변화를 이용해 남극의 빙하량 변화를 추정해보면 빙하의 양은 매년 증가하고 있다고 합니다. 또 북극의 빙하도 60~70년 주기로 증감을 되풀이하고 있기 때문에 오늘날 나타나고 있는 해안부의 빙하후퇴에 대한 해석도 더 신중할 필요가 있습니다. 또한 언론을 통해 북극권의 빙하가 매우 빠르게 녹아내려 곧 사라질 것처럼 보도되고 있지만 2005년에 발표된 유럽우주기구(ESA) 보고에 의하면 그린란드의 빙하도 중심부에서는 증가하고 있어 중량 자체는 증가하고 있다고 합니다.

다음으로 멕시코 만류의 중단에 따른 유럽대륙의 소빙하기 도래 가능성을 생각해보고자 합니다. 이것을 본격적으로 제기한 사람은 미국 일리노이 대학교의 마이클 슐레진저Michael Schlesinger 였습니다. 그는 수치모델 연구를 통해서 지난 2005년에 온실가스억제 대책을 적극적으로 추진하지 않으면 금세기 말까지 멕시코 만류가 붕괴될 가능성이 70퍼센트나 된다고 주장한 바 있습니다. 그런데 이 예측이 현실화되려

남극과 북극을 뒤덮고 있던 얼음이 녹고 있다. 지구온난화의 위험성을 경고하는 주장들 중 하나는 극지방의 빙하가 녹아내려 해수면이 올라가 전 세계의 거의 모든 대도시가 물에 잠길 것이라고 말한다.

면, 해수와 혼합될 시간이 없을 만큼 빠르게 빙상이 녹아내려야 하는 데, 그 양은 1년에 약 3조 톤이라는 임계점을 넘어서야 한다고 합니다. 이것은 가능한 수준이 아닙니다. 설령 이런 속도로 빙상이 녹아내린다 하더라도 북극권 빙하가 다 녹으려면 1000~2000년이 소요된다고 합니다. 결론적으로 21세기 내에 이것이 현실로 나타날 가능성은 없는 것입니다.

최근 온실기체 감축 노력을 호소하는 공익광고 중에 "지구온난화를 막기 위해 우리에게 남겨진 시간은 불과 8년밖에 없습니다"로 시작되는 것이 있습니다. 이것은 영국의 공공정책연구소(IPPR)가 2007년에 발표한 보고서에 근거하고 있습니다. 그 보고서의 핵심 내용은 온실가스 배출량을 감소시켜야 하며 지구온난화의 파국을 막기 위해 남겨진 시간은 10년도 채 남지 않았다는 것이었습니다. 이것은 어떤 종류의 물리현상이 특정한 임계값을 넘어서 일단 발생하기 시작하면 그 현상이 폭주를 시작하기 때문에 도중에 정지시킬 수 없다는, 전자공학에서 사용하는 '서지이론(Surge Theory)'에 입각한 주장입니다.

이 주장을 받아들이는 사람들은 2050년까지 온실기체 배출량을 50퍼센트 삭감하고자 하는 국제사회의 다소 느슨한 행동이 이 상황에 도대체 무슨 의미가 있는가 하는 혼란에 빠질 수 있습니다. 이러한 문제는 지구온난화에 관한 다양한 경고들이 보편적으로 받아들여지고 있는 이론이 아니라, 특정 이론에 입각해서 미래에 현실로 나타날지도 모르는 어떤 가능성을 말하는 것에 불과하다는 점이 생략된 채로 대중에게 전달되기 때문에 발생하는 것입니다.

지구는 우주에 하나밖에 없는 삶의 터전입니다. 따라서 지구환경을 지키고자 하는 노력은 설령 과학적 불확실성이 있다고 하더라도 사전 예방 우선의 원칙에 입각해서 충분히 이루어지는 것이 당연합니다. 이것은 이미 1987년 유엔환경특별위원회가 확인한 정신이기도 합니다. 하지만, 지구온난화가 가져올 미래의 기후변화와 그것의 영향을 과학적 지식을 바탕으로 가장 합리적으로 평가하고자하는 노력이 보다 충실히 이루어진다면 사회적 비용과 혼란을 줄일 수 있을 것입니다. 그것이 오늘을 살고 있는 과학자들이 맡아야 할 책무입니다.

탄소 다이어트가 필요한 시대

윤순진

서울대 환경대학원 환경계획학과 교수

서울대학교 사회학과를 졸업하고, 미국 델라웨어 대학교 도시문제와 공공정책대학원에서
환경에너지정책학 박사학위를 받았다. 현재 서울대학교 환경대학원 교수로 재직 중이다.
환경정책과 에너지정책, 환경에너지의 정치경제학, 환경사회학, 과학기술과 환경 등에
관심을 가지고 있다. 지은 책(공저)으로는 『우리 눈으로 보는 환경사회학』, 『한국의 전통생태학』,
『지속가능한 사회이야기』 등이 있고, 논문으로 「기후변화와 기후변화정책의 정치경제학」,
「영국과 독일의 기후변화정책」, 「한국 에너지체제의 지속불가능성」 등이 있다.

기후변화는 자본주의 경제의 생태적 전환, 아울러
물질지향적인 자본주의적 가치와 인식의 생태적 전환을
촉구하는 자연의 메시지입니다. 이제 우리가 이 신호에
답해야 합니다. 기후변화는 바로 이러한 변화를 위한
진지한 성찰과 실천을 요구하고 있습니다.

산업혁명 이래 물질적 풍요와 편리를 지고의 가치로 추구해온 경제성장 전략은 이제 기후변화라는 엄청난 난제에 부딪쳤습니다. 작금의 경제성장 전략은 에너지 소비, 특히 화석연료의 소비와 긴밀히 연동되어 주요 온실기체인 이산화탄소를 배출함으로써 기후변화의 원인이 되고 있는 것입니다.

그간의 경제성장은 화석연료의 광범위한 연소를 통해 가능했으며 이렇게 이루어진 경제성장은 다시 화석연료를 비롯한 에너지 사용을 촉진해왔습니다. 2005년 현재 세계적으로 공급된 제1차 에너지는 114억 3500만 TOE(석유환산톤)로, 이는 1970년과 대비해 두 배 가량 늘어난 것입니다. 그 중 석유 35.0퍼센트, 석탄 25.3퍼센트, 천연가스 20.7퍼센트 등 화석연료가 81.0퍼센트를 차지하고 있습니다. 화석연료야말로 현대 자본주의 산업경제의 핵심적 동력이면서 기후변화라는 문제를 해결하기 위해 소비를 줄여나가야 할 대상입니다.

화석연료는 고생대(paleozoic era)의 석탄기에 식물이 화석화되면서 그 안에 에너지가 포획된 것이기에, 듀크스_{Dukes}가 말하듯이 '매장된 햇빛(buried sunshine)' 이라고 할 수 있습니다. 현대 산업사회는 12백만 년이란 긴 시간에 걸쳐 만들어진 화석연료를 300년이란 짧은 시간 동안에 소진시키고 있습니다. 현대적인 잉여경제(modern surplus econo-my), 나아가 원료와 제품, 자본, 사람이 국경을 넘나들며 이동하는 광범위한 지구화는 자연의 흐름과 속도에 구애받지 않는 삶의 양태이며 이는 바로 이 '매장된 햇빛' 을 사용함으로써 가능한 것입니다.

기후변화의 시대, 인류는, 그리고 한국은, 어떻게 대응해야 할까요. 현재 국제적인 기후변화 대응은 시장을 중심으로 이루어지고 있습니다. 2002년에 영국에서 최초로 온실가스 배출권 거래시장이 개설된 후 2004년 5억 달러에 불과했던 탄소시장은 2005년에 EU가 배출권 거래제(Emission Trading Scheme)를 시작한 이후 점점 커져 2006년 301억 달러, 2007년 541억 달러 규모로 성장했습니다. 2008년부터 교토의정서상 제1차 의무감축이행기간이 시작되면서 배출권 거래가 보다 활발해져 2010년까지 세계 반도체 시장의 절반 규모인 1500억 달러 규모로 커질 전망입니다. 이제 세계는 저탄소경제 실현을 제1의 목표로 내세우며 탄소시장에서의 거래와 투자를 성장의 새로운 기회로 활용하려는 움직임을 보이고 있습니다.

대다수 국가들은 주요 온실기체인 이산화탄소를 숲 등의 흡수체로 빨아들여 궁극적으로 발생량을 0으로 만드는 '탄소중립' 전략을 추진

기후변화에 대응하기 위한 하나의 방법으로 온실기체 배출권 거래가 활발해지고 있다.

인류가 배출한 온실기체가 기후변화에 큰 영향을 미친다는 것에 국제적인 공감대가 형성되었기 때문이다.

환경단체들은 탄소 배출이 지구를 위협한다는 내용의 경고를 지속적으로 알리고 있다.

하기도 하고 탄소포집저장(carbon capture and storage) 기술개발에 투자하기도 하며 풍력, 태양광 발전 등 재생가능에너지 확대와 에너지의 보다 효율적 이용을 위한 기술과 기기개발을 시도하고 있습니다. 탄소 다이어트를 실현함으로써 여분의 배출권을 시장에서 거래하거나 미래를 위해 저축(banking)하려고 하는 것입니다. 그래서 기후변화 관련 최근 논문들의 상당수가 탄소시장 전망이나 배출권 거래제의 설계와 운영, 배출권 거래제에서의 CO_2 배출 산정 방법 등 기후변화의 시장기제에 관심을 두는 경향을 보입니다.

눈에 보이지도 않는 대기를 상품화한다거나 오히려 오염원들에게 오염시킬 수 있는 자격을 부여하고 이를 거래하게 한다는 비판과 우려에도 불구하고 자본주의적 세계 질서가 유지되는 한 시장기능의 활용을 통한 자본주의적인 기후변화 해법은 지속될 것으로 보입니다. 그래서 이러한 시스템에 보다 잘 적응하고 이를 위기가 아닌 기회로 활용하려는 움직임이야말로 현명한 대응으로 간주되고 있습니다.

다소 포용적인 관점에서 보자면, 생태경제학자인 허먼 데일리Herman Daly의 주장처럼 배출권 거래제와 같은 정책수단이 오염의 총 규모를 설정하고 그 한계 안에서 비용효과적으로 문제를 풀어가는 이러한 해법이 유용할 수도 있습니다.

하지만 시장접근이 진정으로 기후변화 대응에 효과적일 수 있기 위해서는 시장의 형성과 작동에 앞서 시장 메커니즘 내에서 시장 자체만으로는 담아내지 못하는, 즉 지속가능성과 형평성을 담보할 수 있는, 시장의 규칙을 세워나가는 정치적 결정이 중요합니다. 세계 전체의 배출총량 규모를 얼마로 할 것이며 누가 얼마만큼 줄이도록 할 것이냐의 문제가 합리적으로 결정돼야 하는 것입니다. 이는 한 국가 내에서도 마찬가지입니다.

지구 전체적으로 볼 때, 기후변화 문제의 해결은 선진국의 배출량 자체를 줄이고 개도국의 배출량을 일정수준까지 늘리도록 해서 평형상태가 되도록 하지 않는 한, 그리고 이 과정에서 선진국에게 현재의 기후변화 진행에 대한 생태적 빚을 지불하도록 강제되지 않는 한, 요원할 수밖에 없습니다.

더군다나 아직까지 국가 간 무역을 통한 탄소배출 이전 혹은 탄소누출(carbon leakage) 문제를 제대로 고려하고 있지 않기에 탄소수지의 관점에서 무역 문제를 재조명하는 것도 필요합니다. 선진국들은 산업구조 개편을 통해 에너지 집약적인 산업들을 해외로 이전하고 에너지 집약적인 제품들을 수입해다가 씀으로써 배출 책임을 다른 국가로 이전하는 경향을 보이고 있기 때문입니다. 게다가 기후변화에 가장 책임이 없는 가난한 사람들(혹은 다른 생물종들)이 가난하기 때문에 정보도 자본도 기술도 없어서 가장 가혹한 기후변화 영향에 노출돼 있다는 사실은 기후변화를 정의의 차원에서 해결할 필요를 제기합니다.

이런 맥락에서 볼 때, 한국은 지금 어디에 서 있으며 무엇을 어떻게 해나가야 할 것일까요. 이산화탄소 배출 규모가 세계 9위인 만큼 한국은 더 이상 개발도상국이 아니라 탄소 배출 선진국으로서 배출량을 상당 규모 줄이지 않으면 안 됩니다. 현재 한국에서 진행되고 있는 다양한 기후변화의 징후들은 협약의 테두리를 넘어 바로 이 땅에서 살고 있는 우리의 생존 차원에서도 기후변화 대응이 무엇보다 긴요함을 드러냅니다.

산업구조 개편을 통해 탄소수지를 개선하는 것도 필요하겠지만 이러한 접근이 지구 전체 차원에서는 배출원의 이전에 그칠 뿐 실질적 배출 감소로 귀결되지 않는다는 점도 기억해야 합니다. 결국, 지금의 삶의 구조와 방식이 변화되지 않으면 안 되는 것입니다. 아울러 기후변화의 진행으로 누가 어떤 위험에 얼마나 노출되는지 어느 정도 취약한지 등에 대한 영향평가를 바탕으로 적응 방안을 마련하는 것도 중요합니다.

기후변화에 제대로 대응해 나가기 위해서는 사용하는 에너지원을 전환하는 데 머물러서는 곤란합니다. 궁극적으로 에너지 이용 방식과 산업구조, 사회체제, 공간이용 방식, 나아가 생활양식 등을 바꿔나가야만 합니다. 그리고 이러한 변화가 구체적인 삶의 현장을 어떻게 변화시킬지, 사람들의 생존을 지탱하는 일자리에 어떠한 영향을 미칠지 살펴야 합니다. 기후변화 대응이 에너지 절약이나 효율 향상, 재생가능 에너지 확대의 차원을 넘어 국토 공간의 이용 방식을 바꾸고 생활의 방식과 규모를 바꾸며 사람들의 일자리를 바꾸게 될 것이기 때문입니다.

현재 우리가 직면한 기후변화는 지금과 같은 자연의 흐름과 속도를 넘어서서 이루어지는 생산과 소비활동, 나아가 삶의 양식이 지속가능할 수 있는지를 묻고 있습니다. 기후변화는 대기의 물리화학적 조성 변화의 문제지만, 그러한 변화가 사회경제적인 나아가 문화적인 문제에서 출발했기에 기후변화 해법은 바로 이러한 사회경제적, 문화적인 구조의 차원에서 찾지 않으면 안 됩니다. 사회가 변화하면서 기후가 변했고 그러한 기후의 변화가 이제 사회의 변화를 요구하고 있기 때문입니다.

기후변화는 자본주의 경제의 생태적 전환, 아울러 물질지향적인 자본주의적 가치와 인식의 생태적 전환을 촉구하는 자연의 메시지입니다. 이제 우리가 이 신호에 답해야 합니다. 기후변화는 바로 이러한 변화를 위한 진지한 성찰과 실천을 요구하고 있습니다.

기후변화,
지구온난화의 쟁점

지구온난화, 혹은 기후변화 논란은 20년 전 시작됐다. 1988년 미국 상원에 출두한 NASA의 제임스 한센 James Hansen 연구원은 '지구온난화의 미래 영향'이라는 연구결과를 발표했다. 한센은 "21세기 지구온난화는 전례없는 대규모로 진행돼 에너지 소비를 억제시키고 비화석 연료 사용을 병행해도 최대 2.5도까지 기온이 상승, 지구가 중생대 온도에 가까워진다"고 발표했다. 한센은 이어 "남극의 얼음이 녹고, 그 결과 해수면이 상승해 전 세계 많은 도시가 수몰되고 지구의 내륙지역은 사막화될 우려가 있다"는 충격적인 주장을 펼쳤다.

남극 빙하는 3천만 세제곱킬로미터이다. 이것이 모두 녹으면 지구 해수면은 70미터 정도 상승해 전 세계 거의 모든 대도시는 수몰된다. 이에 더해 빙하 해빙에 관한 서지이론—어떤 물리현상은 특정한 임계값을 넘어 일단 발생하면 폭주를 시작, 도중에 정지시킬 수 없이 파괴적 상태로 진행된다—은 위기감을 증폭시킨다. 남극대륙 빙하가 녹기 시작하면 급작스럽게 전부 녹아버린다는 것이다.

2004년 7월 영국 BBC는 "그린란드 빙상이 녹는 속도가 과거에 비해 10배 이상 빨라졌으며, 빙상 깊이는 매년 10미터씩 얕아지고 있다. 장소에 따라서는 1개월에 1미터씩 얼음 표면이 얇아지고 있는 곳도 있다"고 보도했다. 이어 미국 해양대기관리청(NOAA)도 2005년, "그린란드 빙상이 과거에 볼 수 없었던 속도로 녹고 있다"고 보도했다. 반면 유럽우주기구(ESA)는 "그린란드 빙상은 증감을 되풀이하고 있고 그린란

인류의 통제를 벗어난 기후 변화는 그 자체만으로도 두려움을 일으킨다.

지구온난화를 둘러싼 논란은 기후 변화가 치명적일 경우 대파국을 예상하기 때문이다.

드 중앙부 빙량은 오히려 증가하고 있다”고 발표했다. 북극 빙상을 두고 미디어가 가세한 과학논쟁이 시작된 것이다.

과학계의 논란은 더 격심해져 남극논쟁이 시작됐다. 이사벨라 베리코냐 콜로라도 대학교의 교수는 2006년 3월, 남극 빙하가 녹고 있다고 보고하면서 “동남극 빙상보다 훨씬 작은 서남극 빙상만 전부 녹아도 전 세계 해수면은 6미터 상승된다”고 주장했다. NASA의 로버트 빈드샤들러Robert Bindshadler 연구원은 “남극 빙하가 지금 속도로 녹으면 4000년 후에는 서남극이 사라지고 세계 해수면은 엄청나게 상승할 것”이라고 발표했다. 빈드샤들러는 그러나 후에 자신 발표가 남극 중 한정된 영역에서 얻은 자료로 전 영역에 경향성을 적용한 것은 잘못된 예측이라고 인정했다.

과학계가 결론을 내리지 못하자 공은 정치적인 문제로 이어졌다. 지구온난화 회의론자들은 ‘지구는 온난화하고 있지 않다, 온난화되고 있어도 원인은 알려지지 않았다, 온난화의 원인은 대부분 자연발생적이다, 지구 대기를 컴퓨터 시뮬레이션으로 예측하는 것은 불가능하다, 지구온난화는 전체적으로는 인간에게 유익한 영향이 더 많다’ 는 논리를 폈다.

회의론자들의 주장으로 다시 논의된 부분은 기온 상승의 원인이 어디에서 시작되느냐는 점이었다. 원래 자연스럽게 지구의 온도가 변하는 것이어서 이산화탄소 배출이 직접적인 원인이 아니라는 관점과, 이산화탄소 배출로 인해 지구의 온도가 상승한다는 관점이 대립을 거듭했다. 논란의 핵심은 기온과 이산화탄소 농도의 관계, 그 선차성에 있었다.

세계는 안전한 선택에 들어갔다. 온실기체 배출량을 줄이기 위해 1988년 스위스의 제네바에 IPCC(국제기후변화협의회)를 설치하고 1992년 브라질의 리우데자네이루에서 열린 지구 서미트 회의 아젠다 21로 기후변화문제가 전 지구적 의제로 채택됐다. 5년 뒤 교토의정서는 "선진국 온실기체 배출량을 2008~2012년까지 나라별로 1990년 대비 6~8퍼센트 삭감할 것을 목표"로 정했다. 그러나 교토의정서는 미국이 비준을 거부하고 중국, 인도 및 브라질의 의무감축을 면제하고 유럽이 자국의 이익에 따라 기준년도를 1990년으로 정했다는 것, 이산화탄소를 이미 만들어낸 선진국이 아니라 후진국이 주로 책임을 져야 한다는 점 등이 문제로 제기됐다.

현재 세계는 포스트-교토 체제로의 이행을 준비하고 있다. 최근 일각에서는 2050년까지 2000년 대비 온실기체 배출량을 50~70퍼센트 삭감하는 것은 의미가 없다고 주장한다. 석유 가채매장량이 40년 정도에 불과해 자연적으로 온실가스가 줄어든다는 것이다.

박상주 머니투데이 기자

"재생가능에너지는 단순히 화석연료의 대체물만은
아니다. 그것을 이용하는 시스템으로의 전환은
인류문명을 인간과 자연, 인간과 인간 사이의 조화가
중심이 되는 생태적이고 지속가능한 것으로 변화시키기
위해 반드시 전제되어야 할 필요조건이다."

이필렬, 『석유시대 언제까지 갈 것인가』 중에서

21세기를 위한 바이오 연료 개발

서진호

서울대 식품·동물생명공학부 교수

서울대학교 화학공학과를 졸업하고, KAIST 생물공학과에서 석사를 받았으며, 미국 캘리포니아 공과대학에서 화학공학과 박사학위를 받았다. 현재 서울대학교 농생명공학부 교수로 재직 중이며, 연구처장을 맡고 있다. 한국학술진흥재단 사무총장, 한국생물공학회 회장을 역임했다. 생물공정공학, 식품생명공학, 바이오에너지 등에 관심을 가지고 있다.

'Hydrocarbon(탄화수소)에서 Carbohydrate(탄수화물)로' 라는 슬로건에서 알 수 있듯 화석원료 고갈과 환경규제 강화에 따른 새로운 대안은 바이오기반 산업체제(Bio-based industry)로의 전환입니다.

원유의 가격 급등으로 대체에너지에 대한 관심이 높아지고 있습니다. 태양에너지, 풍력 등은 주로 전기에너지를 생산하지만 바이오에너지는 자동차용 연료를 대체할 수 있다는 점에서 다른 대체에너지와 구분됩니다.

바이오에너지는 고유가를 극복할 수 있는 핵심적인 에너지원입니다. 바이오 연료는 CO_2 배출량을 감소시키고, 수송이나 저장이 용이하며, 현재 수송 인프라에 직접 적용이 가능할 뿐 아니라, 농림부산물을 활용하기 때문에 화석에너지와 달리 매년 재생 가능한 에너지라는 특징을 가지고 있습니다.

대표적인 바이오 연료는 경유를 대체할 수 있는 바이오디젤과 휘발유를 대체할 수 있는 바이오에탄올입니다. 바이오디젤은 대두유와 팜유 같은 식물성 기름을 화학적으로 전환해 생산하고 있습니다. 한국은 2012년까지 경유의 3퍼센트를 바이오디젤로 대체한다는 것을 목표로 보급을 확대하고 있습니다. 바이오에탄올은 사탕수수나 옥수수에 포함된 당(糖)을 원료로, 효모를 이용한 미생물 발효 공정에 따라 에탄올을 생산, 분리 정제 공정을 거쳐 100퍼센트 에탄올로 만든 후 휘발유와 혼합해 원료로 사용됩니다. 미국이나 브라질은 이미 에탄올을 자동차 연료로 사용하지만 한국은 현재 에탄올 사용에 문제점이 없는지를 확인하는 실증 연구를 진행하는 중입니다.

그러나 원유가 급등으로 식량자원을 과다하게 바이오 연료 생산에

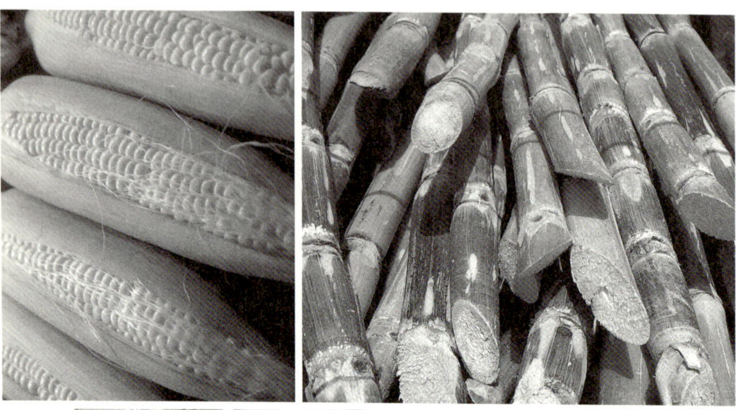

옥수수, 사탕수수, 볏짚, 밀짚, 옥수수대 등을 이용해 만드는 바이오 연료는

에너지와 환경 문제를 동시에 해결하면서도 화석연료를 대신할 수 있는 대체에너지로 부각되고 있다.

현재 바이오디젤과 바이오에탄올은 자동차 연료로 사용되고 있다.

사용하는 바람에 식료품 가격이 급상승하는 등 사회적인 문제까지 야기되는 실정입니다. '저개발국가의 배를 채워야 하는 식량자원을 자동차 연료 탱크에 채우는 것이 과연 합당한가' 라는 문제를 제기하면서 식량자원을 이용한 바이오 연료 생산을 '인류의 대재앙' 으로 규정하기도 합니다.

이렇듯 식량자원을 이용한 바이오 연료 생산은 많은 부작용을 초래하고 있기 때문에 이를 해결하기 위한 대안으로 농림 부산물을 이용한 바이오 연료의 생산이 부각되고 있습니다. 식량자원을 이용한 바이오 연료(제1세대 바이오 연료)와 구별하기 위해서 농림부산물을 이용한 바이오 연료를 '제2세대 바이오 연료' 라 부릅니다.

제2세대 바이오 연료는 볏짚, 밀짚, 옥수수대 같은 농업부산물, 나무, 폐목재와 같은 임업부산물에 포함된 섬유소 자원(cellulosic materials)을 활용합니다. 이런 섬유소 자원은 값이 싸고 비식량자원이라는 장점이 있는 반면, 바이오 연료 생산의 원료로 사용하기에는 기술적인 어려움이 있습니다. 섬유소 물질은 식물을 지지해주는 기본 골격이기 때문에 매우 단단한 구조입니다. 따라서 섬유소 자원에 포함된 당 용액을 얻는 과정은 매우 효율이 낮을 뿐 아니라 분해 과정에서 미생물 발효 공정을 저해하는 물질이 만들어집니다. 다시 말해 섬유소 자원을 물리화학적 또는 생물공학적으로 분해시켜 미생물이 소화할 수 있는 당(糖)을 제조하는 전처리기술, 당분해물을 효율적으로 바이오 연료로 전환하는 생산기술, 분해되지 않는 구성물의 재활용기술 등이 개발돼야 경제적인 생산이 가능합니다.

현재의 기술 수준으로는 제2세대 바이오 연료는 아직 경제성이 없지만 세계 각국이 국가적인 차원에서 기술적인 어려움을 극복하고 경제적인 바이오 연료의 생산 공정을 개발하기 위해 노력하고 있습니다. 미국은 섬유소 자원을 이용한 바이오 에탄올 생산을 2012년까지 상용화하며 2017년까지 휘발유의 20퍼센트를 바이오에탄올로 대체한다는 실행계획을 추진하고 있습니다. 이 중 1/3은 옥수수만으로, 나머지 2/3는 옥수수대, 볏짚, 밀짚과 같은 농업부산물을 활용해야 실행계획의 목표를 달성할 수 있을 겁니다.

바이오 연료 개발에서 한국은 후발국가입니다. 그러나 전통적으로 우수한 미생물 공정과 화학 공정기술을 활용하면 경쟁할 만합니다. 이를 위해서는 무엇보다 생물공정공학, 미생물, 생화학, 목재공학, 식물생명공학 전공자로 이루어진 다학제적 연구팀을 구성, 유기적으로 연구개발하는 환경이 필요합니다.

생산 기술의 개발과 함께 중요한 것은 생물자원의 확보입니다. 부존자원이 부족한 한국의 경우 안정적이며 장기적으로 생물자원을 공급할 수 있는 해외 생산기지를 확보하는 것이 필요합니다. 현재 정부에서 추진하고 있는 해외 식량 생산기지와 연계해 식량생산에서 발생되는 부산물을 바이오 연료로 활용한다면 일석이조의 효과를 거둘 것으로 기대됩니다.

'Hydrocarbon(탄화수소)에서 Carbohydrate(탄수화물)로' 라는 슬로건에서 알 수 있듯 화석원료 고갈과 환경규제 강화에 따른 새로운 대안은 바이오기반 산업체제(Bio-based industry)로의 전환입니다. 석유를 기반으로 에너지 및 화학 산업이 번창했듯이, 앞으로는 생물자원이 기본 원료물질(Feedstock)이 되어 우리에게 필요한 에너지와 화학소재를 생산하는 산업 체제가 곧 구축될 것입니다. 석유와 석탄 같은 화석 연료는 인류의 고귀한 탄소원이므로 필수적인 요소에만 아껴 쓰고, 태워버리는 자동차 연료는 석유가 아닌 생물자원에서 얻어야 하는 시대가 온 것입니다. 태양에너지와 CO_2로부터 재생되는 생물자원을 이용한 바이오 연료의 생산은 21세기의 중요한 아젠다인 에너지와 환경 문제를 동시에 해결할 수 있으리라 봅니다.

신재생에너지 의무할당제도의 연착륙을 위해

배정환

에너지경제연구원 책임연구원

영국 유니버시티칼리지에서 석사학위를 받고, 미국 펜실베이니아 주립대학교에서 박사학위를 받았다. 현재 에너지경제연구원 책임연구원으로 재직 중이다. 저서로는 『수소경제이행에 따른 경제적 파급효과 연구』 『목질계 바이오매스의 에너지 활용방안 연구』가 있으며, 논문으로는 「컨조인트 기법을 적용한 풍력발전의 다속성 가치 추정」 「바이오디젤의 경제성 예측에 관한 연구」 등이 있다.

2012년부터 신재생에너지 의무할당제를 도입하기에는 여건이 성숙돼 있지 못하기 때문에 발전차액지원제도와 혼합한 형태의 신재생에너지 의무할당제를 운영하면서 제도 변화에 따른 산업계 충격을 최소화하고, 거래가능인증서 시장 도입 및 전력시장 민영화 등 제도적 기반을 정비할 필요가 있습니다.

정부는 지난 2008년 4월 태양광에 대한 발전차액지원제도를 2011년까지만 운영하고 2012년부터는 신재생에너지 의무할당제도로 전환할 것이라고 발표했습니다. 이에 대해 산업계와 시민단체들은 태양광 산업이 더 이상 발전할 수 없을 것이라고 우려하고 있고, 정부는 태양광 산업의 경제성이 높아짐에 따라 시장기능에 맡길 필요가 있다고 주장하고 있습니다.

과연 어느 편의 주장이 진실일까요. 양쪽을 모두 만족시킬 만한 해법은 없는 것일까요. 우선 전반적인 신재생에너지 현황과 발전차액지원제도에 대해 간략히 소개한 다음, 신재생에너지 의무할당제도란 무엇이며, 이를 발전차액지원제도와 연계시킬 수 있는 방안을 제시하고자 합니다.

우리나라는 에너지의 97퍼센트 이상을 해외 수입에 절대적으로 의존하고 있는데다 자동차·철강 등 에너지 다소비 산업이 주종을 이루고 있어, 에너지 국제 가격 변동에 대한 대응 능력이 매우 취약한 경제구조를 갖고 있습니다. 이에 정부는 1987년 대체에너지 개발 촉진법을 제정하고 대체에너지 개발과 보급을 위한 지원을 시작했습니다.

그러나 2002년 발전차액지원제도가 등장하기 전까지 대체에너지 보급은 대부분 폐기물에너지를 중심으로 이뤄져 별다른 진전을 보지 못했습니다. 정부는 폐기물에너지 중심의 대체에너지를 태양광, 풍력, 소수력, 매립지가스 등에 의한 재생에너지 전력 부문 중심으로 전환하기 위해 '대체에너지 개발 및 이용보급 촉진법' 11조에서 이들 부문에 대한 기준가격을 고시하도록 해, 생산 비용을 보전하는 발전차액지원제도를 도입했습니다. 이 제도의 재원은 전기사업법에 의거해 전력산업기반기금에서 조달되고 있습니다.

2002년 5월 기준으로 태양광 기준가격은 kW당 716.4원, 풍력 106.66원, 소수력 73.69원, 매립지가스 61.8원(20~50MW기준)이었습니다. 총지원금액은 2002년 33억 원에서 2006년 100억 원으로 늘어났으며, 같은 기간 소수력에 대한 지원금이 120억 원, 풍력 105억 원, 매립지가스 49억 원, 태양광이 38억 원이었습니다. 그러나 점차 기준가격이 높은 태양광과 풍력에 대한 설비 공급이 크게 늘어나 누적용량 제한(태양광 20MW, 풍력 250MW)을 완화하고, 기준가격을 감소시키는 것을 포함한 발전차액지원제도 개선안이 2006년 하반기에 발표됐습니다. 그럼에도 태양광 설비 용량은 급속도로 증가해 2008년에 누적용량 제한기준인 100MW를 돌파할 전망입니다. 정부는 2008년 4월 태양광에 대한 용량제한을 500MW로 확대하고, 기준가격을 용량별로 세분화해 대폭 하향 조정(8.4~30퍼센트)하는 방향으로 개선안을 발표했습니다.

이와 더불어 정부는 태양광 산업이 급속도록 확대됨에 따라 총발전량의 일정 부분을 신재생에너지에 의해 공급하도록 하는 신재생에너지 의무할당제도를 도입할 계획입니다. 이는 환경 부문의 배출권 거래제도와 같이 정부가 총량 목표를 설정하고, 시장에서 신재생에너지 인증서(REC)를 자유롭게 거래함으로써 시장기능을 적극적으로 활용하자

태양광, 풍력, 소수력, 매립지가스 등 재생에너지 생산 산업을 확대시키기 위한 해법은 무엇일까.

신재생에너지 의무할당제도 도입에 대해 업계와 정부 간의 마찰이 계속되고 있다.

는 것입니다. 이미 미국 일부 주와 영국, 일본, 호주 등 선진국들은 RPS(Renewable Portfolio Standard) 혹은 RO(Renewable Obligation)를 통해 2002년부터 도입했습니다.

이론적으로 가격보조제도에 비해 신재생에너지 의무할당제는 전력산업이 비용효과적으로 신재생에너지를 공급하도록 하며, 최종 소비자에게 비용을 일부 전가시킴으로써 사용자 부담 원칙에 충실할 수 있습니다. 그러나 우리나라는 전력시장이 아직 정부 통제 하에 있기 때문에 신재생에너지 의무할당제를 도입하기 위해서는 전력시장의 가격 기능이 회복될 필요가 있습니다.

또한 실시한 지 불과 10년 만에 발전차액지원제도를 폐지하고 신재생에너지 의무할당제로 전격 전환할 경우 적응 비용이 매우 클 수밖에 없습니다. 더구나 본격적인 지원이 2006년부터 이뤄진 태양광의 경우 아직 초기단계에 있기 때문에 과도기적 시스템 도입을 통해 제도 변화에 따른 적응 비용을 최소화할 필요가 있습니다. 또한 신재생에너지 의무할당제를 실시하기 위해 필요한 재생가능인증서 거래시장 등의 제도 구축, 탄소배출권 시장과의 연계방안, 전력 부문 시장기능 강화와 같은 문제들이 먼저 해결될 필요가 있습니다.

전력 부문 신재생에너지 의무할당제도의 연착륙을 위해서는 우선 정부가 전체 전력산업이 달성해야 할 적정 신재생에너지 공급 비중—물론 적정 비중 산출도 쉽지 않은 작업이지만—을 제시하고, 신재생에너지 인증서 거래시장을 조성해야 할 것입니다. 그러나 처음부터 전체 시장에 적용하기보다는 태양광과 같이 시장이 급속도로 팽창하고 있는 에너지원부터 순차적으로 조성할 필요가 있습니다. 의무할당량을 충족시킨 산업에 대해서는 현행 발전차액지원액 한도 내에서 인센티브를 제공하는 방법을 통해 최종 소비자 부담을 가급적 줄일 수 있을 것입니다.

점차 전력 산업이 민영화되고 시장 기능에 의해 작동되는 단계에 이르게 되면, 정부는 총량 목표만 제시하고, 전체 신재생에너지 기술이 시장에서 완전경쟁이 될 수 있도록 함으로써 본격적인 신재생에너지 의무할당제를 실시하도록 해야 할 것입니다. 일찍이 저명한 환경경제학자 로버츠와 스펜스Roberts & Spence는 미래의 불확실성을 고려한다면 환경세(가격조정제도)와 배출권거래제도(수량조정제도)를 혼합한 형태가 사회 후생을 더 증가시킬 수 있음을 보여주었습니다. 신재생에너지 발전차액지원제도는 가격조정제도에 해당되고, 신재생에너지 의무할당제도는 수량조정제도에 해당됩니다. 따라서 신재생에너지 분야에 혼합 방식을 도입하면 불확실성을 최소화할 수 있을 것입니다.

결론적으로 2012년부터 신재생에너지 의무할당제를 도입하기에는 여건이 성숙돼 있지 못하기 때문에 발전차액지원제도와 혼합한 형태의 신재생에너지 의무할당제를 운영하면서 제도 변화에 따른 산업계 충격을 최소화하고, 거래가능인증서 시장 도입 및 전력시장 민영화 등 제도적 기반을 정비할 필요가 있습니다.

신재생에너지 개발의 현황과 미래

1973년 1차 오일쇼크와 1978년 2차 오일쇼크 이후 화석연료를 대체할 에너지 개발은 선진국의 관심사로 떠올랐다. 3차 오일쇼크가 현실화되고 있는 가운데 대체에너지 개발은 더 이상 미룰 수 없는 인류의 생존문제와 직결되고 있다.

가속화하고 있는 기후변화도 대체에너지 개발을 부추기고 있다. 지난해 영국에서 발간된 '기후변화와 경제학' 보고서에 따르면 인간에 의해 대기 중에 방출된 온실가스의 증가가 심각한 수준인 것으로 나타났다. 보고서에 따르면 산업혁명 이전의 이산화탄소 농도가 280ppm이지만 현재는 400ppm을 넘었다. 현재 수준으로 계속 온실가스를 방출한다면 2035년경에는 600ppm에 도달할 것으로 전망된다. 대기 중에 방출되는 이산화탄소는 인류에 의한 화석연료의 지속적인 소비가 원인이다.

상황이 이렇다 보니 각 나라들은 대체에너지 개발과 확대에 골몰하고 있다. 최근 고유가 민생대책의 하나로 정부가 내놓은 신재생에너지 추가 지원계획도 이 가운데 하나다. 신재생에너지 개발 보급 계획에 3540억 원을 추가로 지원해 태양광, 풍력, 지열 등의 사용을 확대하겠다는 것이다. 민간건물의 태양광, 태양열 설치비 보조에 200억 원을 추가로 지원하고 지열을 이용한 지역 냉난방 시설 설치 보조금을 77억 원에서 1천억 원으로 대폭 늘릴 계획이다. 풍력발전시설에도 917억 원을 투입하기로 했다. 신재생에너지 설비자금 지원에 250억원이 추가

대체에너지 개발은 더 이상 미룰 수 없는 시급한 문제가 되었다. 화석연료가 바닥을 드러내기 전에
인류의 생존을 구할 에너지는 과연 태양일까, 아니면 수소일까, 아니면 식물일까.

로 지원되고 신재생에너지 단지와 태양광 풍력 수소전지 등 R&D 투자에 대한 지원도 500억 원이 더 늘어난다.

대체에너지를 개발하고 보급하는 데 가장 큰 걸림돌은 화석연료와 비교해 경제성이 떨어진다는 점이다. 대체에너지로 급부상했던 바이오에너지는 선진국들이 고유가 대응책으로 앞다퉈 개발했지만 곡물 공급 부족을 심화시킨다는 비판에 직면했다. 2008년 로마 유엔 식량농업기구(FAO)본부에서 열린 식량안보정상회의에서 60여개의 참가국들은 바이오 연료보다 풍력이나 태양력 등 다른 에너지 사용을 늘릴 것을 국제사회에 요구했다.

미국의 경제학자 제러미 리프킨Jeremy Rifkin이 그의 저서 『수소 경제』에서 화석연료 고갈 이후의 대안에너지로 소개한 수소에너지는 상용화 속도가 관건이다. 수소에너지를 실생활에 이용하기 위해서는 연료전지 등으로 전환하는 과정이 필요한데 전환에 투입되는 비용이 적지 않다. 풍력과 태양력은 주위에서 쉽게 얻을 수 있는 자원이긴 하지만

미국의 경제학자 제러미 리프킨(왼쪽)과 그의 저서
『수소 경제 The Hydrogon Economy』(오른쪽).

제러미 리프킨은 이 세상에서 가장 쉽게 구할 수 있는 수소가

화석연료를 대체할 수 있는 '포스트 석유'가 될 것이라 주장했다.

발전 단가가 비싸다는 단점이 있다.

온실가스 감축을 위한 가장 현실적인 대안으로는 원자력 에너지가 손꼽힌다. 에너지경제연구원은 최근 원자력의 발전설비 비중을 2007년 26퍼센트에서 2030년까지 37~42퍼센트로 늘리는 방안을 제시했다. 그러나 원자력 발전은 방사능 오염의 위험성뿐 아니라 높은 자본 집약성, 원전 폐기비용, 원전 폐쇄 이후 장기간 이어지는 재정부담 등으로 비판적 시각이 만만치 않다.

이처럼 장점과 단점이 뚜렷하게 나뉘다보니 신재생에너지 육성을 위해서는 국내 여건을 반영한 선택과 집중이 필요하다는 주장이 제기됐다. 에너지경제연구원(KEEI)의 부경진 선임연구위원은 2008년 6월에 열린 '2008~2012년 국가재정운영 계획 산업·중소기업 분야 토론회'에서 현재의 정부 신재생 육성 방안에 대해 경제성 부족과 수급구조 문제를 지적했다. 이를 위해 "기술력 확보가 필요한 수소·연료전지, 태양광, 풍력 분야에 대한 전략적인 기술 개발을 확대하되 국내 여건을 고려하여 미래 기술 우위가 가능한 분야를 선별해야 한다"고 그는 주장했다. 이어 "단기적으로 정부주도의 기술 개발·보급 정책 추진이 필수적이지만 장기적으로는 기술개발 및 양산에 의한 제조원가 하락, 대기업의 본격적 참여, 수출 산업화 등을 감안해 시장주도형으로 전환해야 한다"고 덧붙였다.

박수선 교수신문 기자

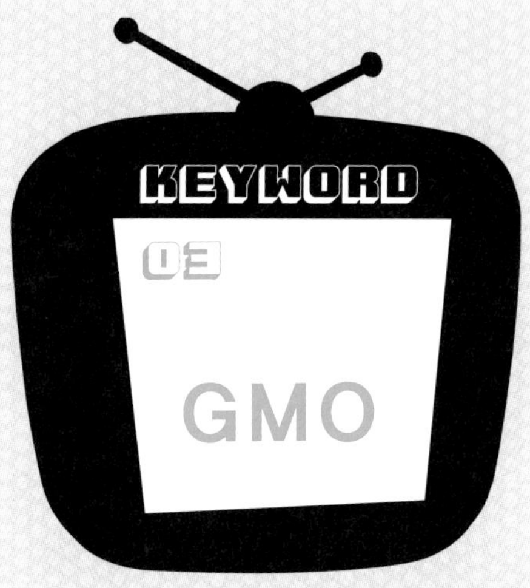

"적절한 통제가 이루어지지 않고, 전통적인 식품을
보호하려는 신중한 노력 없이 유전공학이
산업체 규모로 행해지게 된다면 유전자 비변형
식품도 완전히 사라져버릴 수 있다."

전방욱, 『수상한 과학』 중에서

GMO 기술 개발, 적극적으로 투자하자

이석하

서울대 식물생산과학부 교수

서울대학교에서 석사학위를 받고, 미국 조지아 대학교에서 박사학위를 받았다. 현재 서울대학교 식물생산과학부 교수로 재직 중이다. 전국 공동실험실습관장 협의회장을 역임했으며, 세계작물학회 회장을 맡고 있다. 지은 책으로는 『Genomics-Assisted Crop Improvement (Genomics of root nodulation in soybean)』가 있으며 역서로는 『생명공학으로의 초대─삶의 혁명』(공역) 등이 있다.

지금 세계는 국가경쟁력을 높이기 위해 생명공학 기술 개발에 박차를 가하고 있습니다. 오랫동안 생명공학 작물에 부정적이었던 유럽도 실제로는 많은 연구비를 투자해 미국과의 경쟁에서 지지 않기 위해 노력하고 있습니다. 우리나라에도 식물생명공학 기술 개발과 관련해 더 많은 투자가 이루어져야 할 것입니다.

20세기 말 첨단과학으로 탄생한 생명공학 작물은 가히 '과학의 혁명' 이라고 부를 만합니다. 1865년 유전학의 아버지 멘델Gregor Johann Mendel 은 완두콩을 재료로 작물 잡종실험을 보고해 작물 품종개량을 위한 현대 유전육종학의 기초를 마련했습니다. 이와 같은 전통적인 육종은 동일종내 유전자를 재조합하는 방법입니다. 예를 들어 벼의 품종 개량을 위해 유전적으로 다른 벼 품종 간 인공교배를 통해 우량한 유전자가 재조합된 신품종을 육성하는 것입니다.

최근 급속히 발전한 생물공학 기술은 과거 인공교배로는 넘을 수 없었던 종간 장벽을 뛰어넘어 미생물과 동물에 있는 유용한 유전자를 아그로박테리움이나 유전자총을 이용해 작물의 형질을 전환하는 데 이용할 수 있게 됐습니다.

생명공학 기술이 발전함에 따라 작물의 개량은 가속화됐습니다. 과학자는 지속적으로 우량유전자를 선발하고 그 유전자를 작물에 삽입시켜 병충해저항성 및 제초제저항성을 가진 작물을 개발했습니다. 최근에는 철분과 비타민 A가 강화된 '황금쌀'을 개발, 비타민 A 결핍으로 고생하고 있는 1억 명 이상의 어린이들을 구제할 수 있는 길을 열었습니다. 올레익 지방산이 높은 콩은 혈중 콜레스테롤 함량을 낮출 수 있는 등 인류 건강에 좋은 생명공학 작물이 등장하게 됐으며, 식용백신 작물을 통한 적극적인 병 치료도 가능할 것으로 기대됩니다.

　무엇보다 생명공학은 미래 지구환경을 개선하는 중요한 기술로 자리매김하고 있습니다. 중금속 오염지역의 오염 물질을 제거하는 식물 환경정화용 형질전환 식물은 환경친화적 에너지 공급원으로 부각되는 생물 연료용 작물로 개발되고, 극한지역에서도 재배 가능한 작물이 개발되는 등 여러 면에서 생명공학 기술이 이용되고 있습니다.

　2007년 12월 충남 태안군 만리포 부근 해상에서 일어난 유조선 원유 유출사고로 우리는 국내 최악의 해양오염 사고를 경험했습니다. 방제를 위해 사용된 일부 화학 약품이나 기름을 녹이는 세제 같은 계면활성제는 방제 비용이 클 뿐만 아니라 환경에 제2차적인 악영향을 일으킬 수 있어 많이들 우려했습니다. 만일 생명공학 기술로 해양에서 기름을 분해하는 능력이 높은 친유성 박테리아를 개발했다면 해양에서 막대한 양의 원유를 분해할 수 있었을 것입니다.

　물론, 생명공학 작물이 개발됐을 때 인류 전체가 밝은 미래만을 생각하지는 않았습니다. 생명공학 작물의 산물이 인체에 해롭고, 원하지 않는 새로운 종을 탄생시킬 것이라는 두려움을 막연하게 불러일으켰습니다. 일례로 1999년 미국에서는 해충저항성유전자를 가진 유전자 재조합 옥수수가 나비 유충에 유해하다는 보고가 나왔습니다. 그러나 관련 분야 학자가 재실험한 결과 실험환경이 실제 자연환경과 거리가 멀고, 잠재적인 영향을 지속적으로 평가한 결과 "위해성이 없다"는 연구결과를 발표했습니다. 무엇보다 과학적이고 합리적인 실험결과를 정확하게 국민에게 전달해 올바르게 판단할 수 있는 기회를 제공해야 할 것입니다.

세계 각국의 정부들은 생명공학 기술의 기준과 지침이 되는 법과 규율을 정책에 반영하도록 하고 있습니다. 한국에서도 생명공학 작물의 안전성은 국제식품규격위원회(CODEX)의 기준에 따라 평가되고 있으며, 유럽·일본·호주·미국 등 세계 각국은 같은 기준으로 안전성을 평가하고 있습니다. 한국에서는 생명공학 작물의 식품안전성과 환경위해성 심사와 관련, 농촌진흥청의 '유전자변형생물체 환경위해성 전문가 심사위원회', 식품의약안전청의 '유전자재조합식품 안전성평가자료 심사위원회', 국립환경과학원의 '유전자변형생물체 자연환경위해성 심사위원회' 등 3개의 심사위원회가 독립적으로 운영되고 있습니다. 심사위원회는 생명공학·육종학·독성학·면역학·의학·식품영양학·생태학 등 각 분야 전문가들로 구성되어 있으며, 생명공학 작물이 사람에게 독성이나 알레르기를 일으키는지, 일반 농산물과 영양성분의 차이가 없는지, 농업환경과 자연환경에 위해성이 있는지 등을 종합적이고 면밀하게 검토합니다.

그동안 생명공학 작물이 개발됐을 때 부정적이었던 유럽연합도 변화의 조짐이 있습니다. 최근 유럽연합에서는 생명공학 작물을 대규모로 재배했을 경우, 국제 곡가를 진정시킬 수 있을지에 대한 가능성을 검토하기 시작했습니다. 영국의 브라운Gordon Brown 총리도 생명공학 작물이 근래 지구상의 식량위기를 해결하는 데 중요한 역할을 할 수 있을 것이라고 언급했으며, 유럽위원회에서도 유럽연합이 생명공학 작물을 거부하면 세계 다른 지역에 비해 유럽의 곡물가격이 높아질 수 있다고 밝혔습니다.

지금 세계는 국가경쟁력을 높이기 위해 생명공학 기술 개발에 박차를 가하고 있습니다. 오랫동안 생명공학 작물에 부정적이었던 유럽도 실제로는 많은 연구비를 투자해 미국과의 경쟁에서 지지 않기 위해 노력하고 있습니다. 우리나라도 식물생명공학 기술 개발과 관련해 교육과학기술부의 작물유전체기능연구사업단과 자생식물이용기술개발사업단, 농촌진흥청의 바이오그린21사업단 등 관련 분야에 더 많은 투자가 이루어져야 할 것입니다.

자동차나 전기가 처음 개발됐을 때 많은 이들이 그 위험성을 걱정했지만 더욱더 안전성 있게 개발됨으로써 지금 우리와 함께 하듯, 보다 개선된 미래의 생명공학 산물은 우리 인류와 함께 할 것입니다. 생명공학 작물의 식품안전성을 높이고 환경위해성을 줄이는 것도 생명공학 기술에 의해 가능할 것입니다.

GMO 배추(위)와 자연적인 배추(아래)를 동일한 조건으로 재배한 결과,

GMO 배추는 해충의 피해를 거의 입지 않은 반면

자연적인 배추는 해충의 피해를 많이 입었다.

진화의 법칙을 거스르는 GMO

김순권

경북대 응용생명과학부 교수

경북대학교를 졸업하고, 미국 하와이 대학교에서 박사학위를 받았다. 17년간 아프리카에서 국제열대농업연구소 옥수수연구 담당관으로 근무했으며, 북한, 남아시아, 아프리카 등 30개국에서 친환경 옥수수 육종연구를 수행 중이다. 국제옥수수재단 이사장이며, 경북대 벤처회사 (주)닥터콘의 설립 CEO이다. 저서로는 『Combating Striga in Africa, IITA』 『검은 대륙의 옥수수 추장』 등이 있으며, 250여 편의 논문을 국제학술지에 발표했다.

현재의 GMO 농작물들이 친환경적이지 않은 원리는 간단합니다. 자연 상태의 모든 동식물은 공생(co-survive)을 하면서 자연 진화(evolution in nature)를 합니다. 그러기 위해서는 수입된 해충을 제외하고는 100퍼센트 죽여서는 안 된다는 것이 자연의 법칙입니다.

상품화되는 GMO는 크게 두 가지 종류가 있습니다. 첫 번째는 토양 속에 있는 박테리아(Bt)를 이용해 옥수수, 목화 등의 해충 피해를 줄이는 것이고, 다른 하나는 콩, 옥수수 밭에 잡초 발생을 막아 생산수량을 높이는 제초제 저항성(herbicide resistance)이 있는 것입니다.

1985년경 미국에서는 GMO 연구로 "작물에 농약을 뿌릴 필요가 없는 세계 농업의 혁명이 일어날 것"이라고 예상했습니다. 세계 제1의 옥수수 종자회사, 파이오니어(Pioneer Hi-Bred)는 5천만 달러(약 500억원 이상)을 투자해 초현대식 생명공학연구원(Biotechnology Center)을 건립, 외부인들의 통제를 완전 금지시킨 채 연구에 들어갔습니다. 20년이 지난 지금 파이오니어는 GMO 연구로 망해 다국적 기업회사에 팔렸지만 말입니다.

미국 옥수수 대부분이 GMO가 될 것이라는 예상을 뒤엎고 현재 GMO는 전체 재배 면적의 25퍼센트 수준에 머물고 있습니다. 아직까지 GMO의 안전성이 문제되고 있고, 가장 심각하게는 유럽연합(EU) 국가들이 적극적으로 이에 반대하고 있습니다.

동물실험상 안전성을 보면, GMO Bt 옥수수를 먹인 닭의 간이 작아진다거나, 실험에 쓰인 쥐의 수명이 단축되는 실험결과가 있었습니다. 이 때문에 옥수수로 만드는 멕시코인들의 주식 토르티야는 GMO 사용을 완전 금지하고 있습니다. 2004년 호주에서는 Bt 목화에 저항성을 띠는 돌연변이 나방이 보고됐습니다. 그리고 제초제 저항성 GMO 밭에서는 제초제에 강한 돌연변이 슈퍼 잡초가 영국에서 발생됐습니다.

안전성 문제에 있어서는 당장에는 해는 없다는 것이 지금까지의 실험 결과입니다. 굶어서 죽기보다 먹는 것이 낫다는 이론입니다. GMO 옥수수 품종들은 벌레가 많이 생기는 해에는 농약을 사용하는 것보다 친환경적이고 경제적입니다. 그러나 벌레가 적게 나오는 해에는 오히려 농민이 손해를 봅니다. GMO 농산물을 20년 정도 먹었을 경우에 인체에 잔류 효과가 없을 것인가에 대해서는 어느 누구도 100퍼센트 보증할 수 없습니다.

한국 연구자들은 특유의 과도한 농약 사용 때문에 GMO가 아니고서는 병충해로부터 농작물을 보호할 수 없다는 '막다른 골목의 과학적 사고'를 갖는 것 같습니다. 병충해를 완전히 죽이려고 하면 병충해는 살아남기 위해 끝없이 돌연변이를 일으킵니다. 이것이 자연 진화의 법칙이고 원리입니다. 연구원은 병충해를 무서워해서는 안 되고 병 벌레들의 근본 원인을 이해하려고 노력해야 합니다.

미국에서도 25년간 25퍼센트 수준에 머문 GMO 기술이 어떻게 한국뿐 아니라 가난한 나라들(아프리카 포함)의 농업에 혁명을 일으킬 것이라 생각하는 것인지요. 우리가 처한 급한 불도 못 끄면서 다른 나라 걱정을 할 처지가 되는지요. 선진국들이 가난한 나라, 주산업이 농업인 국가들의 농업을 식민지화하기 위해 고안한 좋은 방법이 바로 GMO일 수도 있습니다.

ⓒGreenpeace southeast asia

GMO 농산물을 20년 넘게 먹었을 경우 인체에 아무런 문제가 없을 것인가에 대해서는
그 누구도 100퍼센트 확언할 수 없다.

GMO 식품을 그렇지 않은 식품(GMO-free)인 것처럼 판매하는 것은 상도덕에 어긋나는 일이며, 소비자는 그 식품이 GMO 식품인지 아닌지 알 권리가 있다.

GMO만이 세계 인구를 굶주림에서 해결시킬 수 있다는 주장은 거짓입니다. 개발도상국 농작물 수량 생산성은 선진국의 1/5에서 1/3 수준입니다. 최근의 국제 곡물파동은 세계 농업을 발전시킬 수 있는 기회입니다. 선진국과 국제기구는 농업이 주산업인 가난한 나라들의 농업 자생력을 키울 수 있도록 바람직한 방법으로, 진정으로 도와야 합니다.

자국의 농업생산을 늘리기 위해 식량을 원조해서 가난한 나라가 농업 개발을 못하도록 만드는 구시대적 전략은 못사는 나라를 영원히 못살게 만드는 식민경제 정책입니다. 서부 아프리카 가나의 쌀 생산이 아주 좋은 예이고, 선진국의 대변인처럼 GMO를 무조건 홍보하는 케냐 등은 매우 한심한 나라입니다. 개발에 뒤져 있는 나라들은 비교 우위의 친환경 농업으로 산업 발전을 이룩하려는 방향이 올바릅니다.

이미 안전성과 다수성이 확실히 검증된 친환경 선진 농업기술을 받아들여 자국의 기후와 환경에 맞도록 농업을 발전시키는 것이 중요합니다. 잡종강세를 최대한 활용하는 교잡종(hybrid) 육종과 친환경 작부체계 방법 등에 더욱 노력을 기울이면 현재보다 50퍼센트 정도는 농산물을 증산할 수 있습니다. 발전 가능성이 확실한 방법에 연구를 집중해야 하는 것입니다.

전체 소비 식량, 사료, 공업용 농산물의 25퍼센트만을 자급하는 한국 실정을 두고 GMO가 방향이라고 주장하는 것은 문제입니다. 비상시 우리가 살아남을 수 있도록 세계 제일가는 GMO 연구를 하든가, 아니면 한국 특유의 GMO 연구를 해야 합니다. 옥수수와 밀의 자급이 1 퍼센트도 안 되는 우리의 식량안보 정책은 매우 위험합니다. 돈을 주고도 non-GMO를 못 사먹는 시대가 온 것입니다.

현재의 GMO 농작물들이 친환경적이지 않은 원리는 간단합니다. 자연 상태의 모든 동식물은 공생(co-survive)을 하면서 자연 진화(evolution in nature)를 합니다. 그러기 위해서는 수입된 해충을 제외하고는 100퍼센트 죽여서는 안 된다는 것이 자연의 법칙입니다. 100퍼센트 죽이는 방법은 친환경적이지 못합니다. 안전한 저항성을 가진 작물은 어린 시절 병과 벌레들의 침범을 받지만 커가면서 저항력, 견디는 힘(tolerance)이 생깁니다. 필자는 40년 동안 95퍼센트만 죽이고 5퍼센트 병과 벌레가 살아남아 자연 진화를 하게 하는 옥수수 품종만을 육종해오고 있습니다.

GMO 연구를 완전히 반대하는 것은 아닙니다. 안전하고 한국 특유의 특성이 있는 연구를 하라는 것입니다. 눈앞의 'SCI 논문'을 위해 큰 그림의 '자연'을 간과해서는 안 될 일입니다. 향후 경제성과 과학 발전에 기여할 수 있는 연구를 제안합니다. 우리 농업이 살길은 한국적 기후에 맞는 친환경 농산물 생산으로 소비자들이 찾는 농산물을 육종하는 것이며, 농민들도 자기가 생산한 농산물에 대해 철저히 보증해주고 돈도 벌어야 합니다.

국민 건강과 소비자의 권리는 매우 중요합니다. 솔직히 광우병보다 더 염려해야 할 것이 GMO 농산물입니다. 소비자들은 돈을 주고 구입해서 먹는 식품의 질과 기원을 알 권리가 있습니다. 판매자는 앞으로 그 물건을 더욱더 많이 장기적으로 발전시키고 팔기 위해 반드시 GMO 표식을 해주는 것이 본인들의 영업을 위해서도 안전한 조치일 것입니다.

최근 한국은 GMO 옥수수 5만 톤을 수입했습니다. 심지어 25퍼센트나 값을 싸게 구입한 GMO 옥수수로 식품을 만들고는 보통 옥수수인 양 파는 것은 상식을 벗어나는 장사술이자, GMO 연구만이 농업혁명이라고 잘못 믿고 있는 과학자들의 횡포입니다.

GMO, 시작에서 현재까지 현황과 쟁점

1988년 미국 칼진(Calgene) 사 연구실, 연구원들은 잘 익은 토마토 하나를 들고 샴페인을 터뜨렸다. 겉보기에 여느 토마토와 다를 바 없는 이 토마토가 '플레이버 세이버(Flavr Savr)', 최초의 유전자변형작물(GMO; Genetically Modified Organism)이다.

플레이버 세이버는 붉은색일 때 수확해서, 시장까지 장시간에 걸쳐 옮겨도 과육이 물러지지 않고 향기까지 오래 유지됐다. 특정 유전자 발현을 선별적으로 억제시키는 앤티센스(anti-Sense) 기술을 적용해 과일의 노화를 늦춘 것이다. 1994년 미국식품의약청은 이 단단한 토마토를 GMO 작물로는 처음으로 정식 승인했다. 이 토마토는 그러나, 프랑켄식품(Franken Foods, 프랑켄슈타인 같은 위험성을 가진 식품)이라는 별명도 함께 가지게 됐다.

GMO 선행 연구는 1971년으로 거슬러 올라간다. 나탄스_{D. Nathans}는 DNA 특정부위의 염기를 자유자재로 자를 수 있는 제한효소를, 1973년 보이어_{H. W. Boyer}와 코헨_{S. Cohen}은 이종간 DNA 단편을 결합시키는 유전자 재조합 기술을 개발했다. 유전자를 마음대로 재조립할 수 있게 되자 식물학·육종학에서 GMO 연구가 봇물을 이뤘다. 플레이버 세이버 이후 미국 몬산토(Monsanto) 사는 1996년 자사의 '라운드업' 제초제에 내성을 가진 'RRS(Roundup Ready Soybean)'를 개발, 잡초와 작물을 구분할 필요 없이 제초제를 뿌려도 되는 콩을 개발했다. 이어 노바티스(Novartis) 사는 병충해에 내성이 있는 옥수수(Bt-maize)를 개발했다.

그러나 GMO는 사회적으로 수용되기엔 태생적인 위험을 안고 있다. 생명공학에 대한 테크노포비아가 사회에 널리 확산돼 있기 때문이다. 또 종자 특허 문제와 기아 난민의 문제가 세계무역 불균형·국제경제문제와 연계돼 있다. 유전인자를 조작하는 데 따른 생물 종·생명윤리 문제, 재배 이후 남게 될 환경보존 문제와 생태순환계 불균형 문제도 난점이다. 식품 소비자 쪽에서는 농산물 원산지만큼이나 GMO 유무도 표시해야 한다고 주장하고 있고, 생산된 식재료가 GMO인지 아닌지를 가릴 수 있는 검출방안 등도 연구되고 있다.

GMO의 안전성 논란은 유전자변형에 사용되는 '선택표지유전자

GMO는 종자 특허, 환경 보전, 생태순환계 불균형 등
풀어나가야 할 과제가 아직 많이 남아 있다.

(Selection marker gene)’ 때문에 불거졌다. 일반적인 선택표지유전자는 항생물질인 카나마이신(Kanamycin)에 내성을 가지고 있으며, 연구자들은 이 내성 반응 유무로 유전자변형의 성공을 식별한다. 문제는 사람이 카나마이신 내성을 식품을 통해 가지게 되면, 다른 치료용 항생물질을 약으로 먹어도 치료효과가 줄어든다는 것이다. 또 외래 유전자가 식물 게놈에 삽입되면 본래 유전자가 이에 반하는 독성 물질을 생성할 수 있다는 개연성도 GMO 안정성 논란을 불러일으켰다.

환경보호의 측면에서는 RRS 사례가 주로 제시된다. 제초제 라운드업은 RRS만 살리고 거의 모든 생작물을 고사시켜 버려 RRS를 거둬들인 토양 생태계가 크게 오염되는 결과를 빚었다. 환경보호론자들은 RRS 재배 후 주변 잡초들이 더 큰 내성을 가지게 되고, 제초제는 더 강력해지는 악순환을 반복하게 된다고 주장했다.

2008년 국제유가가 폭등하자 GMO 작물의 수입논리는 탄력을 받았

GMO 식품이 늘어나게 되면,
소수자만이 GMO-free 식품을
구할 수 있게 될 수 있다.

다. 유가급등은 대체에너지 확보로, 대체에너지 중 바이오에탄올이나 바이오디젤 생산 재료인 곡물확보로 이어지기 때문이다. 이 때문에 non-GMO 곡물가격이 크게 올랐다. 2006년 톤당 150달러 수준이던 non-GMO 옥수수는 2007년 300달러, 2008년 430달러까지 폭등했다. GMO 식품이 아니면 식품부족 문제를 해결하기 힘들어 지면서 GMO 수입논리가 공고해진 것이다.

GMO 옹호파들은 "GMO를 통해 세계 기아를 극복하자"라고 주장한다. GMO 작물은 병충해와 제초제에 강하기 때문에 넓은 면적에서의 대규모 작물생산이 가능하다는 것이다. 이에 반대하는 논리는 "GMO 생산국은 기아국의 농업지배에만 관심이 많다"고 주장한다. GMO 종자에 걸린 특허 등 지적재산권만으로도 후진국의 농업경제가 패권국에 손쉽게 넘어갈 수 있기 때문이다.

박상주 머니투데이 기자

"우리 마음속에 일어나는 일들은 우리 뇌에 기반한 것이다. 우리 자신을 이해하기 위해서는, 신경 세포들이 어떻게 행동하는지, 그들끼리 어떻게 상호작용하는지 이해해야만 한다."

프랜시스 크릭, 『놀라운 가설』 중에서

아직 풀리지 않은 '의식의 신비'

한우진

서울대 BK21 철학교육연구사업단 연수연구원

서울대학교 철학과에서 석사학위를 받고, 미국 듀크 대학교 철학과에서 박사학위를 받았다. 현재 서울대학교 BK21 철학교육연구사업단 연수연구원으로 재직 중이다. 심리철학, 인지과학, 과학철학, 형이상학 등에 관심을 가지고 있다. 논문으로 「선험적 물리주의의 참을 수 없는 사소함」 「수반에 기초한 물리주의의 딜레마」 「좀비는 상상가능한가?」 「화제중립성과 물리주의」 등이 있다.

마음의 개념적 작업으로서 심리철학과 함께, 심리학과 인공지능, 그리고 신경과학이 삼각형을 이루어 마음에 대한 이해의 지평을 넓혀나가면, 의식과 물리계 간의 간극에 관한 직관을 해소해나갈 수 있는 새로운 돌파구가 마련되지 않을까요. 저는 다시 한 번 경험과학의 발전을 통해 현재 의식의 철학적 작업이 슬럼프를 벗어나리라 기대합니다.

철학자인 저는 항상 인지심리학이나 신경과학을 연구하는 분들께 존경심을 지니고 있습니다. 그렇기에 상이한 분야의 연구가들이 대화를 통해 이해의 지평을 넓힐 수 있는 기회를 소중하게 생각합니다.

사실 심리철학사는 내성심리학, 행동주의, 인지주의 등이 차례로 등장한 심리학사와 나란히 현상학, 행동주의, 기능주의 등의 이론을 발전시켜 왔으며, 최근에는 신경과학의 영향을 크게 받아왔습니다. 이렇듯 심리철학과 경험과학은 떼려야 뗄 수 없는 사이입니다.

철학사에서 전통적으로 마음을 두뇌 과정으로는 환원이 불가능한 독립적인 존재로 이해하는 이원론이 지배해왔습니다. 일반인들의 영혼에 대한 믿음이 이를 잘 반영합니다. 그러나 경험심리학, 신경과학 등이 발달하면서 현재 심리철학자 대다수는 마음이 적어도 물리적 사실에 의해 결정된다는 물리주의를 받아들이고 있습니다.

하지만 현상적 의식이라 불리는 감각질(빨간색 느낌 같은 것)의 영역은 아직 물리주의에 완강히 저항하고 있습니다. 나만의 고유한 느낌은 객관적으로 완전히 파악될 수 없다는 의식의 주관성에 대한 직관과 의식과 두뇌 간의 분리를 상상할 수 있다는 데카르트적 논변은 최근 세련된 형태의 논변들로 재포장되어 의식의 신비를 이론화하고 있습니다.

여러 매체는 의식의 신비를 21세기 인류가 도전해야 할 주요 난제 중 하나로 꼽고 있으며, 의식은 심리철학에서도 최근 10여 년 간 가장 뜨거운 논쟁을 불러일으킨 주제로 자리잡아왔습니다. 신경과학에서도

움베르토 보초니, 〈States of Mind : The Farewells〉(1911)

그 모호성으로 인해 별 주목을 받지 못했던 의식이 연구 주제로 대접받기 시작한 것이 1990년대 초부터입니다. 철학자들도 과학자들도 의식에 대해 아직 밝혀야 할 것이 많습니다.

철학자들은 "어떻게 젖은 회색의 물체에서 다채로운 의식 경험이 생겨나는가"라는 질문으로 의식의 신비를 정의합니다. 특정 의식 현상에 대한 신경상관자가 밝혀지더라도 그 상관관계를 설명하는 일이 남아 있다는 것입니다. 의식은 물리적 법칙이나 용어로 포섭가능한 범주의 것이 아니라는 직관이 건재하기 때문입니다.

최근 의식의 신비에 대한 직관은 다음과 같은 다채로운 논변들로 정식화되어 왔습니다. (1)우리가 박쥐의 초음파 경험이 무엇과 같은지 알 수 없는 것처럼 의식 경험은 주관적이라 객관적으로 환원할 수 없다는 네이글Thomas Nagel의 주관성 논변. (2)색에 대한 모든 물리적 지식을 가지고 있으나 아무런 직접적인 색경험이 없던 색과학자 매리가 처음 색경험을 할 때 새로운 지식을 얻게 될 것이므로 이에 대응하는 독립적인 속성이 존재한다는 잭슨Frank Jackson의 지식 논변. (3)물리주의가 함축하는 의식과 물리 현상 간의 상관관계가 우연적임을 보이기 위해 우리와 물리적, 기능적으로 완전히 동일하지만 의식만을 결여한 좀비가 가능함을 주장하며, 좀비의 가능성이 물리주의를 부인하도록 한다David Chalmers는 찰머스의 좀비 논변. (시각 경험 없이도 자극에 반응하는 맹시에 대한 연구는 현실 속에 좀비가 존재할지 모른다는 기대를 불러오기도 합니다.)

의식의 신비는 아직까지 풀리지 않았지만, 의식을 물리적으로 설명하려는 노력은 계속되고 있다.

이러한 논변들의 영향으로 물리주의의 강력한 옹호자인 미국 브라운 대학교의 김재권 박사도 감각질을 제외한 환원으로서 '물리주의, 또는 이에 충분히 가까운 것'에 만족하고 있습니다.

주요 물리주의자들은 의식의 신비가 함축하는 모순을 드러내거나 의식의 신비를 물리주의의 틀 내에서 개념적으로 해소하려는 작업을 주로 합니다. 이들은 창발적이고 이원론적인 의식의 성격을 포착하기 위해 나만의 의식을 직접적으로 지시하는 '현상적 개념'을 이용합니다. 이 개념은 물리적, 기능적으로 규명되는 의식의 영역을 지시하는 '심리적 개념'과 구별됩니다. 이러한 전략이 의도하는 바는 의식의 신비가 개념적 수준에서 설명이 가능하다면 굳이 독립적인 의식의 존재를 가정할 필요가 없다는 것입니다.

그러나 이러한 소극적 전략은 의식의 개념적 이해의 지평을 넓힐 수 있지만 심신관계를 적극적으로 설명하기에는 부족하다고 저는 진단합니다. 아직 심물법칙과 같은 심신관계에 대한 적극적 설명을 주지 못하고서 모종의 관계를 그저 가정하고 있을 뿐입니다. 의식의 신비가 그 질긴 생명력을 유지하는 이유가 바로 여기에 있습니다.

의식의 신비를 극복할 수 없는 '어려운 문제'라고 여기는 찰머스 등과는 달리, 저는 궁극적으로는 의식을 물리적으로 설명할 수 있다고 믿습니다. 물리주의를 크게 나누어 보면, 의식을 거시적인 기능적 역할에 의해 정의하려는 개념적 입장과 개념적 조작만으로는 의식의 중요한 요소를 포착할 수 없으므로 경험과학의 도움으로 의식의 신비를 제거할 수 있다는 경험적 입장으로 나뉩니다. 경험적 물리주의자로서 저는 좀비 논변과 같은 이원론적 논변들에 대한 물리주의적 답변을 제시하고 있습니다. 저는 다양한 논변을 통해 좀비가 슈퍼맨이나 배트맨과 같이 허구 속에 존재하는 상상가능한 대상이지만, 의식과 두뇌 현상 간의 관계가 우연적임을 보이기에는 부족한 대상이라고 주장했습니다.

그런데 의식의 신비가 극복되지 않은 채로 가능한 거의 모든 철학적 입장들이 등장해 나름대로 논박을 당해온 최근에는 의식에 대한 철학자들의 관심이 서서히 줄어드는 것 같습니다. 찰머스를 비롯해 의식에 대한 주요 연구를 쏟아냈던 몇몇의 철학자가 2008년 여름 제22차 세계철학대회에 참여했는데, 이들의 관심사가 이미 다른 문제들로 옮겨가고 있음을 확인할 수 있었습니다. 이는 의식에 대한 열기가 오래가지 않을 것이라는 수년 전 김재권 박사의 예견을 생각나게 했습니다.

현 상황에서 저는 경험과학의 연구가 새로운 돌파구를 제시해주기를 고대하고 있습니다. 지난 심리철학자들의 의식에 대한 뜨거운 관심은 1990년대부터의 크릭Francis Crick과 코흐Christof Koch의 의식의 신경상관자에 대한 연구에서 비롯한 바가 큽니다. 그래서인지 마음이 두뇌현상과 상관관계를 맺음을 의미하는 수반 개념으로 심신관계를 해명하려는 시도가 주류를 이루었습니다.

플래너건Owen Flanagan과 귀첼데어Güven Güzeldere가 지적하듯, 앞으로 마음의 개념적 작업으로서 심리철학과 함께, 심리학과 인공지능, 그리고 신경과학이 삼각형을 이루어 마음에 대한 이해의 지평을 넓혀나가면, 의식과 물리계 간의 간극에 관한 직관을 해소해나갈 수 있는 새로운 돌파구가 마련되지 않을까요. 저는 다시 한 번 경험과학의 발전을 통해 현재 의식의 철학적 작업이 슬럼프를 벗어나리라 기대합니다.

뇌신경과학, '의식'을 정복할까

곽호완

경북대 심리학과 교수

서울대학교 심리학과에서 석사학위를 받고, 미국 존스홉킨스 대학교 심리학과에서 박사학위를 받았다. 현재 경북대학교 심리학과 교수로 재직 중이다. 인지심리, 신경심리, 인지공학, 사이버 심리 등에 관심을 가지고 있다. 지은 책(공저)으로는 『인지심리학』 『실험심리학 용어사전』 『인지공학심리학』 등이 있고, 논문으로 「부적 및 정적반복효과의 시간과정」 「위치와 속성에 대한 주의정향의 결과」 등이 있다.

철학자들은 'why' 즉 개념적 틀 또는 연구의 종합적 개념적 평가와 방향설정을, 신경학자들은 'where' 즉 물리적 구조 또는 상관물을 찾아내는 미시적 접근을, 인지심리학자들은 이를 바탕으로 'what and how' 즉 그게 무엇이며 어떻게 변화하는가를 거시적으로 다루는 것이며, 이들이 오케스트라를 이룰 때 진정으로 본질적인 과학으로서의 의식에 대한 통합적 연구가 이루어지게 된다고 생각합니다.

의식은 철학적 탐구 문제이기도 하고 심리학과 신경과학의 연구 문제이기도 하므로, 철학자와 제가 나누게 되는 담론은 매우 긴장되는 흥분의 의식을 낳게 합니다만 지나치게 난해한 개념을 사용한 철학적 논쟁도, 지나치게 전문화된 뇌신경과학의 소개도 여기에 도입된 대화적 담론에는 부적절하다고 여겨져서—특히 이 글을 읽게 될 일반 교수님들도 의식해야 하는 저의 의식이 겹쳐져서—좀 더 평이한 이야기부터 시작해봅니다.

내관법(introspection)으로 자신의 의식 상태를 관찰하는 것은 현대 심리학의 창시자인 분트 Wilhelm Wundt 이래로 구성주의 심리학자들이 추구한 것입니다. 그러나 의식이 관찰하는 주체와 관찰되는 객체로 나누어지는 순간 의식 주체는 관찰 객체가 될 수 없으므로 의식 전체에 대한 관찰은 행위 의도에 모순되게 붕괴하며, 의식은 주관적 경험이므로 외적으로 관찰되지도 못합니다. 즉 반성적(reflective) 의식은 포괄적으로 관찰될 수 없다는 본질적 한계에 부딪힙니다.

실제로 18세기 말 과학으로서의 심리학이 태동된 후 의식을 여러 감각요소로 나누려는 시도는—개별 감각의 정신물리학적 함수와 역치(threshold) 문제를 과학적으로 밝힌 것을 제외하고는—그 요소들을 결합하는 법칙을 정립하지 못함으로 말미암아 실패로 끝났다고 볼 수 있고, 이것이 후에 게슈탈트 심리학파와 기능주의 심리학이 태동한 배경이 되었습니다. 게슈탈트 심리학은 구성주의 심리학의 요소주의에 반발하여 '대상의 전체적 지각표상은 그 대상의 요소지각의 합' 이상이라고 주장하였습니다.

기능주의 심리학자였던 윌리엄 제임스William James는 의식의 본질은 내관으로 알 수 없으므로 대안으로 의식의 기능에 초점을 두었습니다. 그에 따르면 의식은 하나의 흐름으로서 (stream of consciousness) 유기체에게 가용한 여러 지각표상들이나 행위들 중 하나를 선택하게 하여 유연한 환경적 적응을 가능하게 하는 기능을 가진다고 하였습니다.

비유하자면, 비둘기가 마당에 떨어진 쌀알을 보고 날아 내려와서 쪼아 먹은 뒤 바로 1미터 앞에 있는 쌀알을 보고 깡충 뛰어가서 먹은 뒤, 10미터 앞의 쌀알을 보고 푸드덕 날아가서 먹고 나면 4~5미터 앞의 쌀알을 보면 뛰어가서 먹을 건지 날아가서 먹을 건지 어떻게 결정하는가 하는 것과 관련이 있습니다. 독자들은 그 답을 생각해보시기 바랍니다.

그 후, 의식이 심리학의 연구문제에서 잠시 비켜나게 된 배경에는 행동주의 심리학이 태동하게 된 것과 무관하지 않습니다. 행동주의 심리학자인 왓슨 John Watson은 '마음', '의식' 등은 객관적으로 관찰될 수 없으므로 심리학은 자극이나 행동과 같은 관찰 가능한 것을 연구대상으로 하여 자극과 행동 간의 관계성을 연구하여야 한다고 주장하였습니다. 행동주의 심리학으로 인하여 심리학은 연구방법의 과학적 정립과 함께 방대한 학술적 자료를 획득하였지만, 언어나 고차적 추리와 같은 인간의 복잡한 행동을 기술함에 있어서는 '마음' 또는 '내적 기

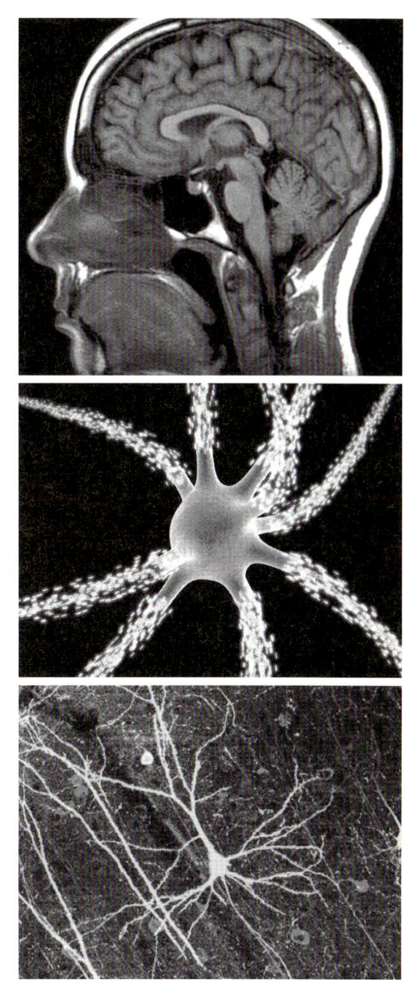

뇌 안에서는 어떤 일이 일어나는지 어떻게 알 수 있을까?
최근 각광받고 있는 신경과학은 뇌파측정법, fMRI 등을 통해
감각, 지각, 주의과정 등을 기술하고자 한다.

제'가 필요하다는 점을 인정하기까지는 그리 오랜 세월이 필요치 않았습니다.

1960년대에 접어들면서 행동주의 심리학의 여러 실험적 연구방법과, 컴퓨터 유추에 의한 인간정보처리 모형의 정립에 의해 인지심리학이 태동하였는데, 이는 초기 심리학 연구 주제인 '의식'이라는 위대한 '왕의 귀환'을 의미합니다. 이때부터 의식에 대한 연구는 새로 시작되었다고 볼 수 있습니다. 다만 주관적 경험의 측면이 강한 '의식'이라는 주제는 한동안 연구주제의 변방에 있었으며, 의식의 외연(外延)으로서 지각, 주의, 기억, 언어과정 등이 핵심적으로 연구되어 현재까지 괄목할 만한 과학적 성취를 보여줬습니다.

그와 함께 신경학적 연구법의 획기적 발전으로—예를 들어, 단일신경세포 기록법, 뇌파(EEG) 측정법, 기능적 자기공명 영상(fMRI) 등—뇌 신경과정을 통해 감각, 지각, 주의과정 등을 기술하고자 하는 신경과학이 태동했습니다.

브로카Paul Broca와 베르니케Carl Wernicke에 의해 발견된 실어증(말을 하지 못하거나, 뜻 모를 말을 하거나, 말을 이해하지 못하는 증상)의 영역들, 펜필드Wilder Penfield의 뇌 전기자극하기에 따른 의식경험의 변화관찰, 스페리Roger Sperry에 의한 대뇌 양반구 절단환자의 실험들(좌우 반구의 기능적 비대칭성), 노벨상을 받은 허블David Hubel과 위즐Torsten Wiesel에 의한 세부특징 탐지기 세포의 발견 등이 신경과학에서 이룩한 업적 중 몇 가지입니다. 결국 모든 심리과정은 궁극적으로 신경과정으로 환원가능하다는 것이 신경과학자들의 가정입니다.

문제는 신경계의 구조가 일반인이 생각하는 것보다 훨씬 더 복잡하다는 것입니다. 약 100억 개(혹자는 40억 또는 수백억)로 추산되는 인간 뇌 신경 세포의 수는 차지하고라도, 그들 간의 신경연결망이 신경과정의 핵을 이루는데 그 연결의 수는 바로 조합적 폭발(combinational explosion)을 의미합니다. 즉 100억의 수백억배의 신경세포의 상호작용이 우리가 추적해야 할 가공할 대상입니다.

인간의 시지각 과정을 알기 위해 신경세포 활동을 단일세포 기록장치를 이용해서 추적하는 상황을 상상해봅시다. 빛이 수정체를 통해 망막에 맺히고 광수용기는 이를 신경흥분으로 전환합니다. 대략적으로 말한다면 광수용기—수평세포 아마크린세포 양극세포—신경절세포로 이어지며 이제 눈알을 나가서 외측슬상체(LGN)와 상구(superior colliculus)를 통해 후두엽 시각피질로 갑니다. 선조피질(V1)에서 처리하는 것도 수평선 수직선 등이며 이것이 V4(색), MT(움직임) 영역 등을 거쳐 하측두엽(IT, 얼굴 등 친숙한 대상)과 두정엽(주의집중)으로 각각 연결되며 이것이 다양한 경로로 전두엽(frontal) 및 전전두엽(prefrontal) 영역으로 연결되어 우리가 경험하는 시각적 표상을 의식하게 됩니다.

여기서 비유하자면, 한방 가득히 스파게티를 넣고 문틈으로 삐져나온 스파게티 조각을 잡아서 그 조각이 어디로 연결되는지 보려고 문을 연 순간 엄청나게 꼬인 스파게티의 파노라마를 보게 되며 '시작은 있으되 끝은 없도다' 라는 생각이 들게 하는 것입니다. 한 뉴런에서 시작한 연결은 나중에는 가지를 치면서 수천 수백만으로 늘어나게 되니까요.

이 스파게티 밭에서 우리가 추구하는 '의식' 의 상관물을 어떻게 찾을 수 있을까요? 또 시간의 축을 포함시키면, 우리는 어떤 경우에도 이전과 동일한 의식의 상태나 뇌활성화 패턴의 상태가 있을 수 없으며, 더욱이 특정 의식의 상태는 그에 상응하는 매우 많은 뇌 상태를 가정할 수 있기 때문에 뇌와 의식의 일대일 대응관계는 성립할 수 없습니다. 다만 추상적 수준에서 특정 뇌의 활성화 패턴과 특정 의식 상태는 대응되어 있다는 것이 과학자들의 일반적 견해입니다.

즉 탁구 라켓으로 동일한 스트로크를 때리더라도 동일한 근육섬유들이 활성화되기보다는 전반적 흥분프로파일이 동일하다는 것입니다. 결국 완벽한 대응구조를 요구하는 것은 심리−물리계의 성질상 무리한 요구라고 생각합니다.

다행히 신경과학은 다양한 측정 장치를 지녀서 스파게티 문제 따위에 동요하지 않습니다. 뇌 활동을 구조적으로 측정하는 장치(PET, fMRI, MEG)가 있어서 특정 정신활동을 하는 동안 뇌의 특정 영역이 활성화되는 것을 관찰할 수 있기 때문입니다. 이 때문에 개략적인 신경학적 국재화(localization)가 가능했고 하드웨어적 기술방식으로 인해 많

HVMANI COR-   PORIS OSSIVM CAE
TERIS QVAS SV.   *STINENT PARTIBVS*
LIBERORVM, SVÁQVE   SEDE POSITORVM EX
latere delineatio.

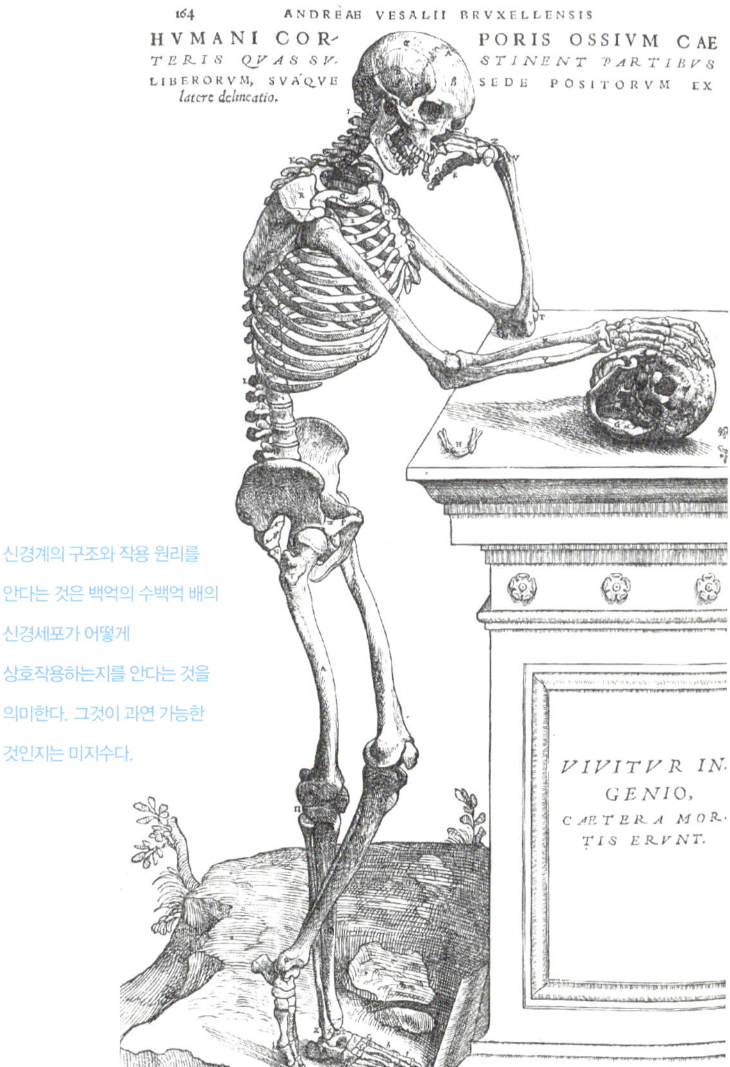

신경계의 구조와 작용 원리를 안다는 것은 백억의 수백억 배의 신경세포가 어떻게 상호작용하는지를 안다는 것을 의미한다. 그것이 과연 가능한 것인지는 미지수다.

은 사람들이 매료되었던 것도 사실입니다.

예를 들어 좌반구에 뇌일혈이나 교통사고로 인한 손상이 있다면 우반신이 장애가 오고 말을 잘하지 못하게 된다고 예후를 예측하게 되는 것입니다. 이 때문에 치매, 교통사고, 혈관장애 환자들이 이전보다 빨리 회복하게 되는 진단을 받게 됩니다. 문제는 거시적인 점에서 뇌 구조는 사람마다 비슷하고, 인지과정에서도 유사하지만, 미시적 구조는 사람마다 매우 다양하다는 사실입니다.

예를 들어, 좌반구가 상당히 손상되어도 언어적 기능이 우반구에 제법 남아있는 사람은 언어장애가 심각하지 않을 수 있습니다. 게다가 새로운 신경회로가 만들어져서 파괴된 언어기능이나 운동기능이 급격히 회복될 수 있고 이것을 신경가소성(neural plasticity)으로 설명할 수 있습니다.

결국 뇌 국재화를 통해 인간의 의식과 표상수준으로 미시적인 신경구조를 확인하는 것이 현재로서는 가능하지 않습니다. 이같이 신경구조의 미시적 다양성과 신경가소성 때문에, 인지심리학적 실험측정으로 특정 인지기능이 손상되었다는 수렴적 결과를 얻어야만 객관적 사실로 받아들여질 수 있다는 것입니다. 미인대회에 입상한 사람들의 얼굴구조의 평균이 최고미인이 될 수 없듯이 수많은 사람들의 뇌구조의 평균이 정상인의 뇌구조라고 말할 수는 없습니다. 다시 말해서 게놈 지도가 만들어졌다고 개개인의 성격과 특성을 예언할 수 없듯이, 뇌구조의 일반적 틀이 만들어졌다고 특정 상황에서 개개인의 의식과 행동을 예언할 수는 없습니다.

의식의 문제가 과학적으로 연구되기 어려운 가장 큰 이유는 의식이 학문적으로 정의되기 어려운 모호성을 지닌다는 데 있습니다. 의식은 소위 자기참조적 의식이라는 반성적 의식도 있고, 대상지각의 의식이 있으며, 주의, 각성, 자각, 경계, 꿈과 최면, 백일몽, 심상, 작업기억, 전의식과 무의식 등 다양한 심리현상과 중첩되어 있어서 단일현상으로 보기 어렵습니다. 이 모든 현상을 아우르는 통일장 이론과 같은 의식이론이 가까운 미래에 확립되기는 거의 불가능하다고 봅니다.

DNA의 이중나선구조로 노벨상을 받았던 크릭Francis Crick과 그의 동료 코흐Christof Koch가 1990년부터 수행한 일련의 연구들은 이제까지 주로 철학적 담론의 대상이었던 의식이 신경과학영역으로 들어오게 된 계기가 되었습니다. 구체적으로 의식의 신경상관자(neural correlate of consciousness, NCC)를 뇌구조에서 찾아보려는 시도입니다. 아직은 주로 가설적 수준에 그치기는 하지만, 멀지 않은 미래에 의식의 신경상관자를 찾아내게 될 지도 모릅니다.

그의 가설은 피질(V1, V4, MT, IT영역)과 전두엽 영역간의 역전파에 의한 주기적 공동활성화가 시각표상의 자각에 이르게 한다는 것이며 이것을 시각적 의식이라고 할 수 있습니다. 특히 생생한 시각적 자각은 고차적 지각수준에서 저차적 시각피질로의 피드백 루프에 기인한다고 합니다.

예를 들어 아래의 그림에서 정육면체를 지각하게 되는 것을 착각적 윤곽(illusory contour)이라고 하는데 이 윤곽이 지각되고 나면 배경화면인 흰색에 정육면체의 모서리가 더 밝은 흰색으로 생생히(vivid) 지각되는데 이는 시각피질에서 외측슬상핵으로의 피드백에 기인하는 것이라는 연구가 있습니다.

크릭이 제안한 의식에 관한 연구방향의 하나로, 양안정적 지각(bistable percept)이라는 것이 있는데 이것은 역전성 전경−배경이나 양안경쟁 현상과 같이 대상이 변하지 않는데 의식된 지각표상은 두 가지 사이에서 주기적으로 변화한다는 것입니다.

예시 그림에서 정육면체를 지각하고 난 후 중앙의 두 모서리 중 하나가 앞에 있고 하나는 뒤에 있는 것으로 입체를 지각하지만 시간이

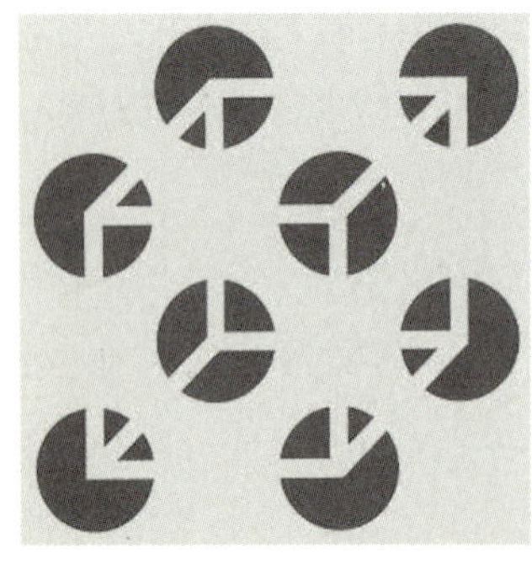

좀 더 지나면 뒤에 있는 것으로 보이는 모서리가 앞에 나오고 다른 모서리는 뒤에 있는 것으로 지각되게 됩니다. 즉 대상의 수평선이나 수직선의 지각은 변하지 않지만, 그 대상표상에 대한 의식은 변화한다는 것입니다. 독자들은 자신의 의식이 변하는 과정을 현상학적으로 직접 관찰할 수 있을 것입니다. 이 변화되는 순간의 뇌과정은 어떻게 되는지를 찾아낸다면 의식의 신경상관자를 찾을 수 있다는 논리가 됩니다.

부가하여 의식에 관한 흥미있는 현상 중 맹시(blindsight, 시각피질의 손상으로 자극의 출현여부를 의식하지 못하지만 자극의 위치는 찾아내는 환자)의 연구는 시각피질이 의식의 신경상관자 자체는 아니지만 어떤 역할을 하는 것을 알 수 있습니다.

저도 의식에 관한 가설을 생각해보았습니다. 의식은 주의를 동반한 신경흥분 패턴의 잔여물(residual)로서 신경물리학적인 자기장의 창발적 패턴일지도 모릅니다. 꿈이 현실경험의 잔여물이라는 설이 있듯이, 사람을 그리워하면 그 사람의 의식이 생생히 의식되듯이, 사물의 지각에서 대부분은 무의식적 전의식적으로 처리되지만, 주의와 정신적 노력을 투여한 지각경험의 산물은 생생한 지각표상을 의식하게 합니다. 이런 상황을 생각해봅시다. 내가 대상을 의식합니다. 대상을 보고 있는 나 자신을 의식합니다. 그런 나 자신을 의식하는 옆의 너를 의식합니다. 너의 의식 속에 있는 나를 의식합니다. 이 모든 대상과 나 그리고 너를 전체적으로 의식합니다. 다시 대상을 의식하면서 처음으로 돌아

갑니다. 이 과정을 반복해보십시오. 저는 대부분의 경우 현기증을 의식하게 됩니다. 이 현기증은 원래 대상에서 나온 것이 아닌 것입니다. 즉 우리는 노력만으로 새로운 의식을 만든 것입니다.

의식을 접근하는 데 있어서 지나치게 물리주의를 주장하는 것은 균형을 잃은 생각일지도 모릅니다. 그러한 생각은 스티븐 호킹이 우주의 법칙에 관한 담론에서 '인간원리'를 제안한 데서 유도된 것입니다. 그의 생각에서 인간원리란 대체로 두 가지를 뜻합니다. 우주의 법칙을 정하기 위해 몇 가지 우주상수가 가정되는데 이때 우주의 특정 시점과 위치에 인류의 출현을 가능하도록 하기 위해서는 가능한 우주상수의 폭이 매우 제한된다는 논리가 그 하나입니다. 다른 하나는 우주란 고전물리학과는 다르게 우주를 관찰하는 관찰자, 즉 인간이 고려되어야만 한다는 것입니다. 결국 우주법칙마저도 인간 관찰자를 고려하여야 하므로 인간과 독립적인 우주법칙이 도출될 수 없다는 결론에 이르게 됩니다.

이를 의식의 문제로 확장시키면, 뇌의 구조와 활성법칙은 인간의 의식 즉 심적 세계의 관찰자를 가정해야 하며 이는 뇌의 구조법칙이 의식과 동시적 상보성을 지닌다고 할 수 있으므로, 우리는 의식의 본유적 특성에 관한 담론을 이어가야 한다는 생각으로 확장이 가능합니다. 바로 이 점이 심리철학자들이 노력해야 할 일이 아닌가 생각합니다.

이제까지의 담론을 바탕으로 '의식'의 문제를 검토해보면, 초월명상에서 구현되는 '아무것도 의식하지 않는 의식자체'가 아닌 이상 의식은 그 '무엇'에 대한 의식입니다. 즉 대부분의 경우 우리는 어떤 대상을 의식하게 되는 자신의 의식을 자각하는 것입니다. 이 때문에 의식의 신경상관자를 밝히고자 한다면 대상 표상에 관한 신경상관자와 대상의 의식에 관한 상관자를 분리해야 하는데 이게 간단치 않습니다. 대상 지각에서 주의집중 문제를 연구하는 경우와 거의 같습니다. 대상에 대한 주의는 대상의 지각표상과는 별도의 주의기제를 연구해야 하는데 가끔 표상과 주의를 혼동한 연구가 있습니다.

그러나 감각질(푸른색을 지각할 때 푸르스르함의 의식적 성질로서 이는 주관적이며 남에게 전달할 수 없고, 남과 동일한 푸르스르함인지 확인할 길이 없다)은 아직 과학적 연구대상이 될 수 없습니다. 더욱이 여러 개념이 복합된 하나의 문장을 이해할 때 일어나는 의식의 표상질 (단순히 표상이 아닌) 또한 감각질과 유사한 주관성을 지니며 이 의식은 신경구조로 환원되기 어렵습니다. 더 본질적인 의식의 문제는, 비록 뇌 과정이 의식을 낳게 하기는 하지만, 특정 상태의 복합의식이 창발(emerge)하게 되는 정신-화학적 법칙은 신경과정으로 환원되기 곤란하다는 것입니다. 마치 수소나 산소 개개 원자의 물리적 성질을 알고 있더라도 물 분자의 성질이 어떠할 것이라고 정확히 예언되기 곤란하고, 더욱이 고분자 화합물의 경우에 더 그렇습니다.

물론 이런 흥미로운 가설이 있습니다. 두 사람의 뇌를 전극으로 연결한다면 한 사람의 주관적 경험을 다른 사람이 공유할 수 있지 않을까 하는 가설입니다. 그러나 여기에도 문제는 남습니다. 두 뇌를 연결하는 순간 뇌구조 전체는 창발적으로 이전의 뇌와는 다른 구조와 처리과정을 갖게 될 가능성이 높으니까요.

정리하자면, 감각질(qualia)의 문제는 의식의 내용을 객관적으로 관찰하는 기법이 발견되지 않는 한 철학적 담론으로 남을 것이며 이것이 철학으로 하여금 올림푸스 산으로부터 하늘 끝으로 도망가지 않게 만드는 최후의 마지노선일지 모릅니다. 그 외 의식에 관한 대부분의 과학적 담론은 '쪼개서 정복하기(divide and conquer)'로서 장기적으로 해결될 것입니다. 지금까지 그리고 가까운 미래에 축적될 가공할 양의 인지심리학적 발견들과 신경과학적 발견들이 집대성된 후 효과적인 가설이 도출된다면 의식에 관한 통일이론이 만들어질 것을 기대해 봅니다.

철학자들은 'why' 즉 개념적 틀 또는 연구의 종합적 개념적 평가와 방향설정을, 신경학자들은 'where' 즉 물리적 구조 또는 상관물을 찾아내는 미시적 접근을, 인지심리학자들은 이를 바탕으로 'what and how' 즉 그게 무엇이며 어떻게 변화하는가를 거시적으로 다루는 것이며, 이들이 오케스트라를 이룰 때 진정으로 본질적인 과학으로서의 의식에 대한 통합적 연구가 이루어지게 된다고 생각합니다. 저는 심리철학자 등 다른 분야의 연구자들이 의식에 관한 과학적 담론과 연구과정

에 참여함으로써 과학적 발전이 질적으로 더욱 풍부하게 열매 맺게 될
것이라고 생각합니다.

의식은 두뇌의 신경과학적 과정으로 환원이 가능한가?

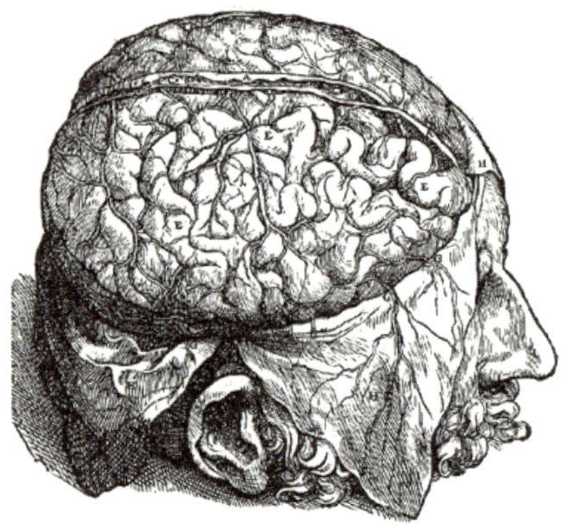

SECVNDA SEPTIMI LIBRI FIGVRA·

SECVNDAE FIGVRAE, EIVSDEMQVE CHARA-
cterum Index.

PRAESENS figura sectionis serie primam subsequens, tertium duræ membranæ
sinum (quem prima figura C aliquot insignitum gerit) longa sectione secundùm capitis longitu
dinem ducta adapertum commonstrat. Insuper àd huius tertij sinus latera, per capitis quoq̃ lon
gitudinem duas deduxi sectiones, utrinque nimirũ ad sinum singulas, quæ duram membranam dun
taxat penetrarunt, & duræ membranæ latera ab ea membranæ separarũt parte, quæ dextram
cerebri partem à sinistra dirimit, atque in subsequẽti figura tribus D insignietur. Præter tres
iam cõmemoratas sectiones utrinque aliã quoque molitus sum, quæ ab aure ad uerticẽ pertingẽs,
solam

안드레아스 베살리우스(Andreas Vesalius)가 그린 리얼한 뇌 해부도.

정상적으로 삶을 영위하는 인간이라면 누구나 의식을 가지고 있다. 그리고 나의 의식이 뇌를 이루는 분자들의 운동에서 나왔다고 생각하고 살아가는 인간은 별로 없다.

서구철학 역시 전통적으로 우리의 의식이 육체의 운동으로 환원이 될 수 없다는 이원론을 전개했다. 가장 단적으로 생각하는 '나'로부터 '내'가 존재함을 증명하고자 했던 데카르트의 시도가 이를 잘 보여준다.

그러나 18세기 말부터 과학적 방법으로 무장한 현대 심리학이 발달하면서, 의식에 대한 전통적인 관점은 도전을 받기 시작했다. 가장 먼저 의식을 과학적으로 분석하고자 한 학파는 구성주의 심리학자들이었다. 이들은 의식을 여러 감각요소로 나누면서, 내관법(introspection)으로 자신의 의식을 관찰하고자 했다. 그런데 관찰하는 주체로서의 의식은 관찰될 수 없다는 모순에 부딪치면서 붕괴했다.

구성주의의 난점에 직면한 심리학은 게슈탈트 학파와 기능주의 심리학을 태동시켰다. 게슈탈트 심리학은 대상에 대한 전체 지각 표상은 그 대상 요소에 대한 지각의 합 이상이라고 주장했으며, 이는 의식의 기능에 초점을 두는 기능주의로 이어졌다. 기능주의는 의식의 흐름(stream of consciousness)을 통해 유기체가 여러 지각 표상과 행위 중 하나를 선택하면서 환경에 유연하게 적응한다고 보았다.

그런데 그 후 의식은 심리학의 주제 목록에서 잠시 제외가 된다. 마음, 의식 등은 객관적으로 관찰될 수 없으므로 자극이나 행동 등 관찰 가능한 것만을 연구대상으로 해야 한다는 행동주의 심리학의 출현 때문이다. 물론 1960년대 접어들면서 인지심리학을 통해 의식에 대한 연구라 다시 활발해지게 됐지만, 의식의 외연으로 불리는 지각, 주의, 기억, 언어과정 등에 주로 집중이 됐다.

인지심리학은 뇌파(EEG) 측정법, 기능적 자기공명 영상(fMRI) 등 신경학적 연구법과 함께 괄목할 만한 발달을 하게 됐다. 인지심리학이 이렇게 신경생리학적 방법으로 뇌와 의식의 문제를 주목하게 된 것은 2차 세계대전 때 뇌손상을 당한 환자들의 여러 인지적 이상 특성들을 관찰하면서부터이다. 결국 이러한 연구는 인지심리학에 대한 신뢰를 높였으며, 이제 대부분의 신경과학자들 및 심리학자들은 의식을 포함한 모든 심리과정이 궁극적으로 신경과정으로 환원이 가능하다고 보고 있다.

신경과학자들과 인지심리학자들의 입장과 달리 철학자들 사이에서 뇌와 의식의 문제는 여전히 논쟁적이다. 특히 핵심 논점은 감각질(qualia; 누구에게도 전할 수 없는 붉은색의 붉음이라는 성질)과 창발(emerge; 이전에는 없던 것이 갑자기 발생하는 현상)을 과연 뇌의 물리적인 운동으로 설명할 수 있는가이다. 다시 말해 '나' 만이 의식하는 대상의 성질을 신경구조로 환원하는 일이나, 의식이 창발하게 되는 현상을 뇌신경의 정신-화학적 법칙으로 설명하는 일이 과연 가능한지가 논쟁점

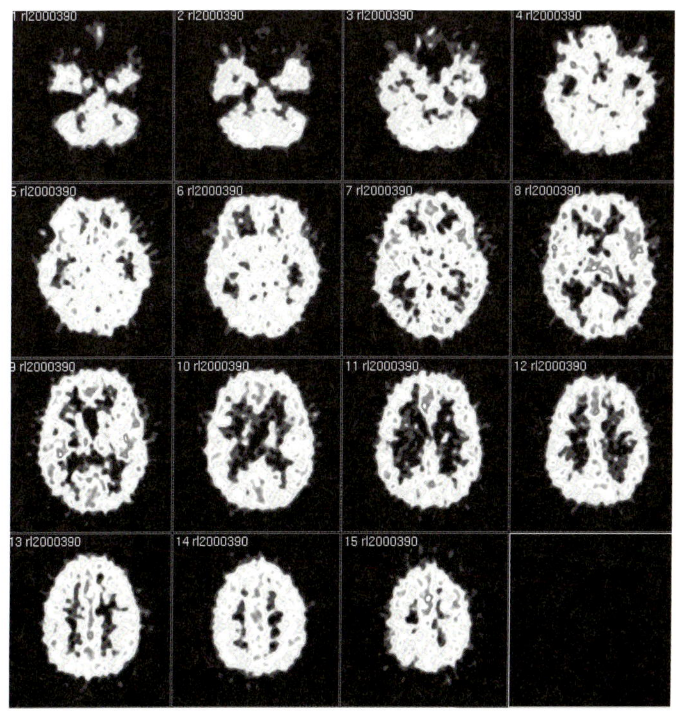

신경과학자들과 인지심리학자들은 의식을 포함한 모든 심리과정이
신경과정으로 환원이 가능할 것이라 생각한다.

이다.

특히 창발의 문제는, 개개 원자의 물리적 성질로부터 생명체나 고분자는 고사하고 원자들이 결합한 분자의 성질을 예측하는 것도 어렵다는 점에서, 난점으로 남아 있다. 이와 관련해 의식이 뇌의 운동으로 환원되지 않는다고 보는 이원론적 입장과 뇌의 운동으로 환원가능하다고 보는 물리주의적 입장이 있다.

이원론의 경우 여전히 의식은 물리적 법칙이나 용어로 포섭 가능한 범주의 것이 아니고, 그래서 감각질이나 창발을 물리적으로 설명할 수 없다는 직관을 가지고 있다.

대표적으로 고통의 본질은 그 느낌에 있다는 크립키Saul Kripke의 양상 논변, 의식 경험의 주관성은 객관적 환원이 불가능하다는 네이글의 주관성 논변, 색에 대한 물리적 지식이 있더라도 색에 대한 경험은 새로운 지식을 줌으로 이에 대응하는 독립적 속성이 있다는 잭슨의 지식 논변, 우리와 물리적으로 동일하지만 의식 없는 좀비가 가능하다는 찰머스의 좀비 논변 등을 예로 들 수 있다. 이들은 전통적인 이원론을 보다 세련된 방식으로 지지하면서 물리주의에 저항을 하고 있다. 대표적 학자로는 해외의 경우 호주국립 대학교 데이비드 찰머스 교수(철학)와 뉴욕시립 대학교 솔 크립키 교수(철학)가 있고, 국내에는 대표할 만한 학자가 없는 것으로 알려져 있다.

한편 뇌의 운동으로 의식이 환원이 가능하다고 보는 물리주의적 입장은 오늘날 신경과학의 성과를 받아들인다. 그래서 이들은 의식이 물리적 사실에 의해 결정된다고 주장한다. 다만 감각질과 창발에 대해서 아직 뚜렷한 설명을 내놓고 있지는 않은 상황이지만, 머지않은 장래에 신경 과학의 도움을 받아 뇌와 의식에 대한 통일적 이론을 구축할 수 있으리라는 믿음을 공유하고 있다. 재미 한인 철학자로 명성이 높은 미국 브라운 대학교의 김재권 교수(철학)가 바로 이 물리주의에 기여한 사실은 널리 알려져 있고, 영미권의 많은 심리 철학자들과 심리학자들이 수용하는 견해인데, 국내에서는 윤보석 이화여자대학교 교수(철학) 등이 관련 논문을 꾸준히 학술지에 발표하고 있다.

심리학자 중에서는 성균관대학교 이정모 교수(심리학)가 유명하고, 신경생리학자 중에서는 노벨상을 받은 제럴드 에델만 Gerald Edelman 미국 신경과학연구소장과 조 첸 Joe Z. Tsien 조지아대 뇌발견연구소장이 있다. 물리주의 내부에서도 개념적 설명을 추구하는가, 아니면 경험과학의 성과를 토대로 하는가에 따라 개념적 물리주의와 경험적 물리주의로 나뉠 수 있으나, 학자별로 뚜렷하게 구분되는 상황은 아니다.

과연 의식에 대한 통일 이론이 만들어져 의식에 대한 모든 비밀이 밝혀질 수 있을까. 아니면 이원론자들의 주장처럼 의식은 과학이 해명할 수 없는 최후의 보루로 남아 있을 것인가. 과학자들과 철학자들은 21세기 인류가 해명해야 할 마지막 신비의 영역으로 의식을 꼽고 있다.

오주훈 교수신문 기자

"신은 주사위 놀이를 하지 않는다"

알베르트 아인슈타인

"신이 주사위로 뭘 했는지 그만 말하십시오."

닐스 보어

김성원

이화여대 과학교육과 교수

서울대학교 물리학과를 졸업하고 KAIST 물리학과에서 석사, 박사학위를 받았다. 현재 이화여자대학교 과학교육과 교수로 재직 중이다. 상대론, 천체물리학, 물리교육 등에 관심을 가지고 있다. 지은 책으로는 『현대과학의 쟁점』(공저)이 있으며, 블랙홀과 우주론, 물리교육에 관한 다수의 논문이 있다. 『우주양자마음』 『시공간의 미래』 등을 번역했다.

연속적 흐름으로서 실재의 생성이라는 생각에는 찬성을 하지 않습니다. 결국 우리 물리학자들에게 실재는 아시다시피 기본 입자들이며, 그 입자들의 운동을 수리적으로 기술하는 것이 우리들의 임무이기 때문입니다.

우리는 살아가는 데 있어서 시간을 과거, 현재, 미래의 세 부분으로 나눕니다. 실재는 분명 현재의 순간과 관련이 있다고 할 수 있습니다. 반면에 우리가 생각하는 과거는 우리의 기억 속에 남아 있고 존재로부터 벗어나 있습니다. 미래는 아직 구체적으로 형성돼 있지 않기 때문에 더 애매모호합니다. 아인슈타인도 친구에게 보낸 편지에 "과거, 현재, 미래는 다루기조차 어려운 환영일 뿐이다"라고 썼다고 합니다.

철학자들 사이에서는 오랫동안 실재(실체)의 흐름에 대해 무엇을 의미하는지 여러 논의가 있었지만 그 개념들은 내부적으로 일관되지 못하고 있습니다. 물리학적으로 무엇인가 흐른다는 것은 계산 가능하고 측정 가능한 운동과 관련이 있습니다. 그러나 계산과 측정이 불가능한 흐름 자체로서의 실재의 운동에 대해서는 어떤 의미를 부여할 수 있을지 의문이 들며, 또한 흐름 하면 떠오르는 시간은 무엇에 대해서 움직이는지 답을 하기가 막막합니다.

한편으로는 실재와 연관된 '시간의 화살'이라는 개념을 써서 흐름을 표현하려는 일부 생각도 있지만 그 둘 사이에는 분명한 차이가 있습니다. 세상에서 사건들이란 한 방향으로 연속적인 순서를 형성합니다. 예를 들어 책상 위의 물컵이 떨어져 깨지는 것은 가능하지만 바닥에 깨져버린 컵 조각이 다시 올라가 붙는다는 것은 상상할 수 없고 물리학적으로도 불가능합니다. 이와 같은 시간의 방향성은 열역학 제2법칙이라 불리는 물리학의 법칙으로 규정이 됩니다. 이 법칙은 닫힌계의 엔트로

실재의 흐름이란 무엇인가? 우리는 과연 시간의 흐름을 관찰할 수 있는가?

열역학 제2법칙은 시간 축을 따라서 과거와 미래의 방향 사이에 분명한 비대칭이 생김을 말하고 있으며,

우리가 관찰하는 것은 시간의 흐름이 아니라 시간의 비대칭성이라 할 수 있다.

피—대충 표현하면 얼마나 질서가 깨져있는지를 나타내는 값—는 시간에 따라 증가하는 경향이 있다는 것입니다.

따라서 열역학 제2법칙은 시간 축을 따라서 과거와 미래의 방향 사이에 분명한 비대칭이 생김을 말하고 있는 것입니다. 쉽게 말해 시간의 화살은 미래를 가리킨다는 말입니다. 그러나 이것은 그 화살이 미래를 향해 움직인다는 것은 절대로 아닙니다. 시간의 화살은 시간에서 사건들의 비대칭성을 나타내지, 시간의 비대칭성이나 흐름을 나타내는 것이 아닙니다. '과거'와 '미래'는 시간의 방향에서 바로 공간의 '위'와 '아래' 방향처럼 시간의 방향을 합법적으로 정해주는 데 적용할 뿐입니다.

결국 우리는 철학자들이 말하는 것과 같은 의미의 흐르는 실재는 관찰할 수가 없습니다. 실제로 관찰하는 것은 우리가 기억하는 처음 상태와는 다른 나중의 상태를 관찰할 뿐입니다. 우리가 미래보다는 과거를 기억한다는 사실은 시간의 흐름을 관찰하는 것이 아니라 시간의 비대칭성을 관찰하는 것입니다.

실재의 흐름이라는 생각을 반박하는 시간의 비대칭성에는 앞에서 언급한 과거와 미래에 대한 열역학적 차이 외에도 20세기의 새로운 물리학인 양자론과도 어느 면에서는 관련이 있습니다. 양자론의 핵심이 되는 하이젠베르크의 '불확정성의 원리'는 열린 미래(또는 열린 과거)를 의미합니다. 이 비결정론은 원자의 크기에서는 명백합니다. 물리계의

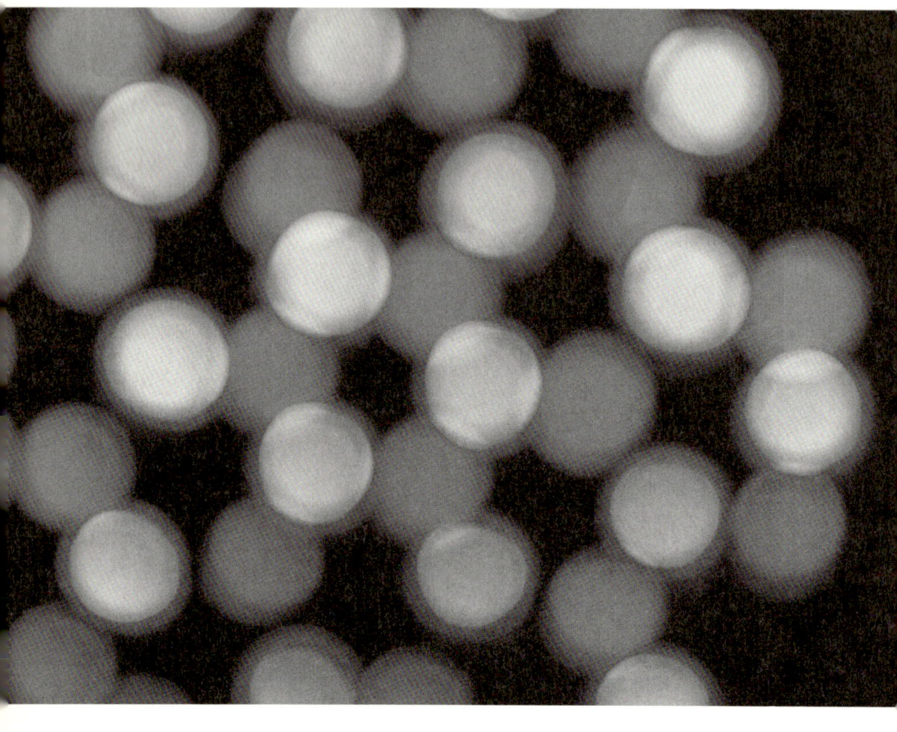

물리학자들에게 세계의 근본실재는 쪼개고 더 쪼개도 분할되지 않는 마지막 입자들이며,

그것을 수리적으로 기술하려고 한다.

특성을 규정하는 관측량의 성질들이 일반적으로 한 순간에서 다음까지 결정되지 못함을 말합니다. 양자론의 비결정론은 특정한 양자 상태의 경우에 많은 (무한도 가능하다) 대안 미래나 잠재적인 실재들이 존재함을 의미합니다. 이때 양자론은 각 관측한 양의 결과에 대해서 상대적인 확률을 정해주는데 인간이 측정할 때는 오직 하나의 결과만 얻어집니다. 측정의 행위에서는 많은 가능성에서 단일의 특별한 실재(실체)로 투영됩니다.

물리학자들 사이에서는 많은 잠재적 실재(실체)에서 단일의 실재(실체)로의 전이가 어떻게 일어나는지에 대한 합의는 없습니다. 많은 물리학자들은 그것이 관측자의 의식과 어느 정도 관련이 있다고 주장은 합니다. 하지만 연속적 흐름으로서 실재의 생성이라는 생각에는 찬성을 하지 않습니다. 결국 우리 물리학자들에게 실재는 아시다시피 기본 입자들이며, 그 입자들의 운동을 수리적으로 기술하는 것이 우리들의 임무이기 때문입니다.

계량 가능하지 않은 것도 탐구의 대상이다

고인석

인하대 철학과 교수

서울대학교 물리학과를 졸업했으며, 연세대학교 철학과에서 석사학위를 받고, 독일 콘스탄츠 대학교 철학과에서 박사학위를 받았다. 현재 인하대학교 인문학부 철학전공 교수로 재직 중이다. 과학철학 전반에, 그리고 형이상학과 과학기술윤리에 관심을 가지고 있다. 지은 책으로 『과학의 지형도』가 있고, 논문으로 「적응주의 대 반적응주의」 「레플리컨트 레이철은 레이철이 아니다」 「사이버 공동체에서 아바타의 존재론적 지위」 등이 있다.

철학자들은 무전제의 탐구, 어느 방향에도 우선성을 주지 않는 시선을 꿈꿉니다. 물론 그것은 허황된 기획이고, 철학자 자신도 그런 실패의 운명을 분명히 인식하고 있습니다. 하지만 허황되다고 해서, 손에 넣을 수 없는 목표라고 해서 무의미한 것은 아닙니다.

물리학자는 오늘 그것을 측정할 수 없다면 장차 어떻게 그것을 측정할 수 있는 상황을 만들 것인지 궁리할 것이고, 또 만일 어떤 이론에 상응하는 측정이 원칙적으로 도무지 어려울 것 같은 상황이라면 그것과 연관된 다른 이론들의 경험적 입증과 이론들 상호간의 정합성 등을 통해 일단의 간접적 증거를 확보하려 할 것입니다.

여기서 제기될 만한 물음 하나는 존재를 대하는 물리학자들의 이런 태도가 학문의 분야와 무관하게 당연한 것, 누구도 부인할 수 없는 것 아니냐는 것입니다. 물음에 섣불리 답하기 전에 먼저 문제를 조금 더 분석해볼 필요가 있습니다. 우선 '물리학자들의 이런 태도'를 '(직접이든 간접이든 도무지) 경험과 결부시킬 수 없는 것은 존재의 지평에서 다룰 수 없다'는 입장과 '측정해서 수량화할 수 없는 것은 존재의 지평에서 다룰 수 없다'는 입장으로 갈라볼 수 있습니다. 저에게 두 경우에 대한 대답은 공통적으로 '아니오'이지만, 두 '아니오'의 폭과 깊이는 다릅니다.

먼저, 경험가능한 것만을 존재의 범주에 수용하려는 태도는 모든 개별과학에 공통된 요소라고 보아도 좋을 것입니다. 도저히 확인할 수 없는 것에 대해 이렇다 저렇다 진술하는 것은 단순하고 우스꽝스러운 어리석음의 사례이기 때문입니다.

단, 여기서 우리는 과학의 분야들이 저마다 고유한 경험의 방식을 갖고 있다는 점을 잊지 말아야 할 것입니다. 또 대상을 효율적으로 탐구하기 위한 미시적 분석의 눈높이도 분야마다 다릅니다. 대상을 이해하려면 그것을 잘게 잘라 그 미시적 부분들을 탐구해야 한다는 아이디어는 오늘날 대부분의 자연과학 분야에 널리 퍼져 있지만, 자연을 잘 이해하려면 어디까지 잘라서 어떻게 들여다보아야 하는가 하는 물음에 관해서는 분야마다 상이한 감각을 발휘하고 있지요. 원자나 소립자는 분명 '자연의 근본 실재는 무엇인가' 라는 물음에 대한 매력적인 대답이지만, 그것은 자연을 이해하려면 그것을 쪼개어 가장 미시적인 수준의 질료에까지 도달해야 한다는 원자론자들의 생각과 삼라만상의 본질은 그 생성과 변화를 다스리는 수학적 조화에서 파악되리라는 피타고라스적 아이디어를 묶어 계승한 물리학의 관점이 낳은 하나의 특수한 대답입니다.

한편, 계량가능한 것만이 의미 있는 탐구의 대상이 된다는 생각의 입지는 이보다 더 좁습니다. (여기서 '계량가능하다'는 말은 '(그것의) 객관적인 크기를 적절한 단위와 더불어 나타낼 수 있다'는 의미로 사용하겠습니다.) 인간의 정신현상이나 사회적 현상과 결부된 개념들의 경우 그런 계량화가 쉽지 않을 것은 빤하지만, 생명현상을 서술하고 설명하는 많은 술어들 역시 계량화와는 그리 친숙하지 않습니다. 예컨대 진화생물학의 기본 개념인 적응도(fitness)는 어감상 계량화가 가능할 것 같지만 특정한 상황과 진화의 과정을 떠난 'X의 적응도' 같은 것이 수치화되는 법은 없습니다. 그뿐인가요, 물리학과 아주 가까운 화학도 18세기까지는

존재의 근원을 탐구하는 철학자들은 경험에 제한되지 않으며, 그 너머로 향해 나아간다.

신, 무한, 존재, 무(無) 등이 사유의 대상이 된 것도 철학의 이러한 특성 때문이다.

정량적 과학이었다고 보기 어렵습니다.

이제 철학으로 눈을 돌려보겠습니다. 철학자는 자연의 근본 존재라는 문제에 어떻게 접근할까. 저한테 철학이 지닌 특징 한 가지를 들라 하면 저는 철학이 '철학 특유의 대전제'나 '모든 철학자들이 공유(해야)하는 시선' 같은 것을 인정하지 않으려 한다는 점을 꼽고 싶습니다.

달리 말하자면 철학자들은 무전제의 탐구, 어느 방향에도 우선성을 주지 않는 시선을 꿈꿉니다. 물론 그것은 허황된 기획이고, 철학자 자신도 그런 실패의 운명을 분명히 인식하고 있습니다. 하지만 허황되다고 해서, 손에 넣을 수 없는 목표라고 해서 무의미한 것은 아닙니다.

존재의 근원을 탐구하는 일에서 철학자들은 경험가능성이라는 테두리에조차 얽매이려 하지 않습니다. 저는 앞에서 경험가능성의 범위를 벗어나는 탐구를 무모한 일로 묘사했었지만 철학자들은 그런 탈경계적 사유를 통해 신, 무한, 존재와 무(無)를 사유와 토론의 대상으로 삼을 수 있었고, 나아가 시간-공간, 인과성, 질-양 같은 개념들 그리고 '물리적인 것의 범위는 어떻게 규정되는가', '우리의 경험은 어떤 경우에 신뢰할만한가' 처럼 과학적 자연 탐구 너머에서 그것의 테두리와 기반을 규정하는 사색을 수행할 수 있었습니다.

자연 탐구는 과학의 몫입니다. 하지만 아리스토텔레스의 자연학 다음에 형이상학이 와서 그의 체계를 완성하듯 오늘날에도 과학은 그것의 영역을 둘러싼 형이상학의 과감하거나 혹은 무모한 사색을 통해서만 그것의 진짜 제자리를 찾을 수 있으리라고 생각합니다.

'불연속성'과
'계산 가능성' 논전 場

자연의 근본실재에 대한 물리학과 형이상학의 입장을 대비시켜 볼 때, 가장 큰 쟁점은 계산 가능성과 불연속성의 문제에 있다.

물리학은 근대 과학혁명 이후 확립된 실험과 수학이라는 도구를 통해, 측정 가능하고 계산 가능한 데이터만을 인정해왔다. 곧 자연의 근본실재를 양화 가능하고 분석적인 틀을 통해 바라보려 했음을 의미한다. 그래서 오늘날 물리학은 엄밀한 수리적 법칙의 규정을 받는 불연속적 단위인 입자들을 자연의 근본실재라고 바라본다.

반면 형이상학은, 모든 형이상학이 그런 것은 아니지만, 측정과 계산의 지평을 넘어선 곳에서 실재를 사고하길 주저하지 않는다. 특히나 이는 실재를 계산 가능한 분석적 틀로 절단할 수 없는 변화와 생성의 연속적 흐름이라고 바라본 베르그송 등에 와서는 더욱 분명해진다. 베르그송과 같은 형이상학자들에게 물리학의 방법론은 근본실재가 지닌 창조적이고 질적인 풍요로움을 배제하기에 문제가 있다. 다시 말해 수학과 지성의 언어는 근본실재에 인위적 메스를 들이댄 셈이다.

우선 물리학의 입장을 좀 더 구체적으로 보자. 19세기 말 톰슨Joseph John Thomson이 전자의 존재를, 20세기 초 러더퍼드Ernest Rutherford가 α입자 산란 실험을 통해 원자핵의 존재를 발견한 이후, 물리학은 자연의 근본실재를 파악하기 위한 노력을 계속 해왔다. 숱한 입자들의 발견과 양자역학의 진보 그리고 여러 물리학자들의 노력에 힘입어, 오늘날 입자물리학은 1979년 노벨상을 수상한 스티븐 와인버그Steven Weinberg, 압두스

살람Abdus Salam, 셸던 글래쇼Sheldon Glashow가 주도한 표준 모형(standard model)을 확립하기에 이르렀다. 표준 모형은 자연계의 모든 물질이 기본 입자들로 구성돼 있으며, 이 입자들의 상호작용으로 삼라만상이 구성된다고 본다. 그래서 변하지 않고, 각자가 불연속적으로 존재하며, 수리적 법칙으로 기술이 되는 입자들이 모여서 자연을 구성하는 것이다(이때 양자역학의 불확정성 원리에 의해 입자의 물리량을 정확히 측정할 수는 없다).

입자물리학에서는 와인버그 텍사스 대학교 교수와 글래쇼 하버드 대학교 교수가 세계적인 권위자이고, 우리에게도 유명한 고 이휘소 박사 역시 게이지 통일장 이론의 발전에 기여를 한 것으로 알려져 있다. 국내에서는 이론 분야의 김진의 서울대학교 교수, 실험 분야에서는 김영기 로체스터 대학교 교수가 미국 페르미국립가속기연구소의 '양성자·반양성자 충돌실험그룹(CDF)' 공동대표를 맡고 있는데, 노벨상에

베르그송(왼쪽)과 화이트헤드(오른쪽)는 실재가 근본적으로 연속적이며 분할이 불가능하다고 주장한다.

가장 근접한 한국인으로 평가받고 있다.

이제 형이상학의 경우를 보자. 형이상학 중 특히 생성 형이상학이라 부를 수 있는 경향은 자연의 근본 실재를 입자들로 설명하기에는 무리가 있다는 입장을 취하고 있다. 이들이 지적하는 입자물리학의 난점은 자연이 양적으로 분할 가능하고 불연속적이며 계산이 가능하다고 보는 물리학의 사고방식으로는 질적인 변화와 지속을 설명할 수 없다는 점에 있다. 이들 형이상학자들은 변화와 지속이 결코 입자와 같이 불연속적이고 양화된 단위들의 결합을 통해서는 설명될 수 없다고 본다. 특히 베르그송Henri Bergson과 화이트헤드Alfred North Whitehead 등은 실재가 근본적으로 연속적이며, 분할 불가능하며, 창조적인 성격을 지니고 있다고 강조하면서, 입자물리학적 관점은 생물 등에서 볼 수 있는 실재의 발생적 성격을 제대로 보지 않는다고 비판한다. 베르그송과 화이트헤드의 뒤를 이어 시몽동 Gilbert Simondon 과 들뢰즈 Gilles Deleuze 등이 생성의 형이상학에 나름대로 기여를 했다.

주요 연구자로는 들뢰즈 연구로 유명한 컬럼비아 대학교의 마뉴엘 데란다 Manuel Delanda 교수와 영국 워릭 대학교의 피어슨 Pearson 교수가 있다. 국내에는 들뢰즈를 소개하고 있는 이정우 철학아카데미 원장이 물리학과 다른 방식으로 실재를 바라보는 형이상학의 관점에 대해서 여러 번 강조를 한 바 있다.

그러나 형이상학의 입장이 지닌 나름의 설득력에도 불구하고, 실재를 분석적으로 보려는 물리학은 수학과 실험이라는 도구를 통해 빼어난 성과들을 제출하면서, 자연의 근본실재에 대한 지식의 전도자로서 광범위한 신뢰를 얻고 있다. 검증이 불가능하고, 학자들마다 다른 개념과 직관에 근거한 형이상학의 입장은, 일부 철학계의 경우를 제외하면 진지한 논의의 대상이 되고 있지는 못한 형편이다.

더구나 철학 내부에서도 과학이 아닌 사변만으로 실재에 대해서 논의하는 것이 정당한가라는 비판이 이미 20세기 초부터 제기된 바 있어, 이래저래 형이상학의 지위는 불리한 형국이다.

오주훈 교수신문 기자

"우리에게 중요한 것은 막연한 상상이 아니라
창조적인 상상이다. 그것만이 우리를 관념의 단계에서
현실의 단계로 나아가게 해줄 것이기에."

이고르 스트라빈스키, 『음악의 시학』 중에서

별도의 창의성 교육, 과연 효과적인가

최석민

대구교대 교육학과 교수

경북대학교 교육학과에서 박사학위를 받았다. 현재 대구교육대학교 교육학과 교수로 재직 중이다. 듀이 철학, 사고교육 등에 관심을 가지고 있다. 지은 책으로는 『듀이와 교육』 등이 있고, 논문으로 「창의성 교육의 원리탐색 : 몰입의 원리」 「창의성 교육의 접근방식 탐색」 등이 있다.

창의성 훈련이 단기적으로는 효과가 있을 수 있어도 장기적으로는 오히려 하나의 도식(schema)처럼 작용해 창의성을 방해할 수 있음이 지적되기도 합니다. 결국 프로그램식 접근은 전이 문제를 그 선결과제로 확증해주지 못한다면 그에 따른 교육적 성과를 논의하기란 불가능합니다.

현재 학교에서 이루어지고 있는 창의성 교육이 '자체 개발' 프로그램에 의존하고 있어, 과학적 엄밀성과 신뢰성을 확보하기 힘들다는 점에는 공감대가 형성돼 있습니다. 전문가의 시각에서 보면, 어떤 프로그램은 상대적으로 전문가라고 보기 힘든 연구자들에 의해 개발되기도 했고, 그것을 직접 다루는 일부 교사 중에도 특별한 훈련을 받지 못한 분들이 있다는 점에서 이런 우려와 염려는 당연하다고 생각됩니다.

그러나 이러한 걱정에 앞서 논리적으로 선결돼야 할 문제가 있습니다. 즉 '별도의 시간에 특정한 프로그램을 투입함으로써 창의성을 교육하려는 노력'(이하 프로그램식 접근)이 과연 타당한가 하는 것입니다. 이 접근은 이론적 분석을 통해서도, 성험적 검증을 통해서도, 나아가 학교 현실을 고려한 실용적 검토로도 아직은 충분하게 정당화되지 않았습니다.

이론적 측면에서 논쟁이 되는 것은 이 접근의 탈맥락적 속성입니다. 프로그램화됐다는 말은 개개 사례의 예외적 요소를 제거하고 표준화됐다는 뜻이고, 효과성을 근거로 자체적으로 검증된 사고의 보편적

절차나 전략이 그 핵심이라는 의미입니다. 정해진 사고의 패턴을 잘 따라가기만 하면 원하는 창의적 사고가 가능함으로 그 성취 결과는 개인적 특성이나 문화적 배경과는 유의미한 상관관계를 형성하지 않게 됩니다.

그러나 최근 창의성 연구(흔히 통합적 연구하고 불리는)의 주류는 사고를 의미나 가치 중심으로, 혹은 사고 발현의 근거를 중심으로 논의하고 있으며, 오히려 개인적·사회적·문화적 요소를 더 많이 강조하고 있습니다. 이런 현상은 철학이나 교육학에서 일반화돼 있는 상황인지(situated cognition)나 문화적 다원주의 이론과도 맥락을 같이한다는 점에서 날로 그 강조의 폭이 확대되어간다고 할 수 있습니다.

경험적 검증에서도 엄격하게 성공적이라 할 수 없습니다. 일반적으로 프로그램식 접근은 창의성을 확산적 사고 능력과 동일시하는 경향이 있으며, 그 검사 점수는 훈련에 의해 증대될 수 있다고 봅니다. 그러나 이러한 효과는 제한된 상황에서 얻어지는 것이라는 점에서 창의성의 전이성과 지속성을 검증할 만큼 충분하다고 보기 힘듭니다. 연구 중에는 검사 점수와 실제 성취도는 서로 일치하지 않는다는 보고도 있으며, 과학 혹은 사회 창의성 검사와 같은 특수한 영역적 검사와 창의력 검사 간에는 상관관계가 적은 것으로 나타나기도 했습니다.

또한 몇몇 학자들은 사고능력은 전이가 일어나지 않는다는 근거를 제시하기도 하며, 창의성의 인지적 기술(skill)이나 전략조차 과목이나

역사상 가장 위대했던 이들의 천재성은 어디에서 비롯되었을까?
천재와 일반인은 '창조적 사고'를 하느냐 그렇지 않느냐에 의해 크게 구분된다.
왼쪽부터 타고난 천재성을 보여준 갈릴레이, 뉴턴, 다빈치, 피카소,
아인슈타인, 미켈란젤로, 모차르트이다.

영역에 따라 다르다고 보기도 합니다. 더구나 창의성 훈련이 단기적으로는 효과가 있을 수 있어도 장기적으로는 오히려 하나의 도식(schema)처럼 작용해 창의성을 방해할 수 있음이 지적되기도 합니다. 결국 프로그램식 접근은 전이 문제를 그 선결과제로 확증해주지 못한다면 그에 따른 교육적 성과를 논의하기란 불가능합니다.

학교 현장을 고려할 때 실용적이지도 않습니다. 프로그램식 접근은 창의성 교육을 위해 별도의 시간을 확보해야 합니다. 현재 학교에서는 많은 과목 수 때문에 학생들의 학습 노동이 문제가 되고 있고, 교사도 과도한 수업 시수 때문에 어려움을 겪고 있습니다. 이런 실정에서 배우고 가르쳐야 할 과목이 더 추가된다는 것은 그 자체로 부담이 가중된다는 것을 의미하게 됩니다. 또한 교육적으로 가치 있는 사고에는 창의적 사고만이 있는 것이 아니라 비판적, 심미적, 직관적 사고 등과 같이 다양한 유형과 차원이 존재한다는 점에서 볼 때, 특정한 사고를 별도의 시간을 통해 가르치는 접근은 현실적으로 성립되기가 어렵다고 할 수 있습니다.

이런 논란을 비켜갈 수 있는 방식으로 학계에 알려진 바는 몰입을 중심으로 한 창의성 교육입니다(이하 몰입식 접근). 몰입은 문제해결 활동에 푹 빠져 있는 상태를 지칭하는 일종의 메타포로서, 몰입의 과정과 결과는 그 의미성, 본래성(authenticity)을 중심으로 창의적 삶과 동일시됩니다. 탈맥락적 표준화된 상황을 전제로 가상적, 인위적으로 만든 문제가 아니라 교실에서의 상호작용을 통해 생성된 학생의 진짜(genuine) 문제를 통해서, 학습지 문제풀이식의 개인적 탐구나 단순한 상상에 의존한 해결이 아니라 공동체(community) 내에서 구성원들 간의 진지한 협의를 통해서, 공동의 해결방안을 모색하게 됩니다.

문제가 갖는 의미는 외부적 강제에 의하지 않고서도 '판단의 중지를 통한 문제해결'이라는 고된 창의적 사고의 과정을 즐겨 지속하게 하는 동력을 제공하게 되며, 문제해결의 전략으로서 공동성은 몰입 대상의 규범성과 질적 수준을 확보하는 강력한 수단이 됩니다. 듀이John Dewey의 '하나(an)의 경험', 메슬로우Abraham Maslow의 '절정(peak) 경험', 미하이 칙센트미하이Mihaly Csikszentmihaly의 '부유(flow) 경험'에 나타난 몰입의 강조는 철학적 혹은 심리학적으로 이를 정당화하고 있으며, 학습의 철학으로서 프로젝트 학습이나 문제중심 학습, 혹은 구성주의 학습 등은 궁극적으로 이런 가정을 공유하고 있다고 생각됩니다.

우리는 몰입적 접근의 가치를 아인슈타인의 고백을 통해서도 발견할 수 있습니다. "내가 과학적 탐구 활동에 몰두할 수 있었던 이유는, 다름이 아니라, 자연의 신비를 이해하고자하는 나 자신의 제어하기 힘든 갈구 때문이었으며(…) 공부하는 가장 중요한 동기는 그 일이 주는 즐거움이어야 한다"고 적고 있습니다.

창의성 교육 비판이 지닌 이분법적 잣대

김영채

계명대 심리학과 명예교수

경북대학교를 졸업하고 미국 미시간 대학교에서 박사학위를 받았다. 한국에 처음으로 창의력 향상 영재교육 프로그램인 '토렌스 창의력 FPSP 교육과정'을 개설했다. 저서로는 「사회과학의 통계학」 「생각하는 독서」 「창의적 문제해결 : 창의력의 이론, 개발과 수업」 등이 있으며, 논문으로는 「창의성 개발을 위한 대학과 초·중등 학교간 연계 프로그램의 개발과 시범적용」 「토란스 창의력 FPSP에 대한 분석적 고찰」 등이 있다.

사실 모든 것을 고려한다는 것은 아무것도 고려하지 않는 것과 마찬가지일 수 있습니다. 학교 창의성 교육과 같은 교육 실제의 실천에서는 다른 어느 분야에서와 마찬가지로 '선택과 집중의 원리'를 적용하게 됩니다.

현재 우리나라의 학교에서 이루어지고 있는 창의성 교육은 수업시간을 기준으로 보면 세 가지로 나누어 볼 수 있습니다. 여기에는 교과수업 시간을 통한 창의성 교육, 교과수업 이외의 기타 특별활동을 통한 창의성 교육, 재량시간을 통한 창의성 교육으로 나누어 볼 수 있습니다.

교과수업 시간의 창의성 교육은 '창의성의 교육' 이라기보다는 '창의성을 위한 교육' 이라 말할 수 있습니다. 거기에서는 교육내용의 수업과 창의성 개발을 위한 수업이 통합해 하나의 바퀴 속에서 이루어지기를 기대합니다. 교과내용을 가르치는 가운데에서 창의성을 계발하고 그리고 창의적 사고 과정을 거치는 가운데에서 교과내용을 습득하기를 기대하기 때문에 이러한 교과수업은 통합된 방식의 수업, 또는 통합적 교과수업이라 말할 수 있습니다.

교과수업 이외의 기타 특별활동을 통한 창의성 교육은 각종의 특별활동, 예컨대 과학이나 예술 분야의 작품 활동이나 경진대회 또는 봉사활동 등을 통한 창의성 교육을 말합니다.

재량시간을 이용한 창의성 교육은 교과수입과는 별도의 재량시간을 이용합니다. 재량시간의 창의성 교육은 대부분 학교별 또는 교육청 단위에서 제작한 자료나 프로그램 또는 전문학회/기관 등에서 제작한 훈련재료나 교육프로그램을 사용하는 것 같이 보입니다.

물론 이들 창의성교육 프로그램이나 훈련재료들이 다루는 수준은 서로 다를 수 있고 구체적인 내용 또한 다양할 수 있습니다. 그러나 일

알렉스 오스본(왼쪽)은 창의적 문제해결 프로그램
(CPS: Creative Problem Solving)을 개발한
사람으로, 브레인 스토밍(Brain Storming) 기법을
만들었다. 브레인 스토밍이란 여러 명이 토의를 통해,
어떤 주제나 문제에 대해 두뇌에서 폭풍이 몰아치듯
생각나는 아이디어를 쏟아내어 최선의 아이디어를
산출하는 방법이다.

반적으로는 창의적 사고기능과 전략을 가르치는 데서 시작하기 때문에 기초수준의 내용은 친근하고 일상생활의 것이 대부분입니다. 그러나 창의적 사고기능을 연습하는 것이 익숙해지면 보다 '현실적인' 내용을 사용하며, 고급수준에서는 '현실 문제나 도전'을 다룹니다. 거기에는 당연히 교과내용도 포함될 수 있습니다.

재량시간에서 다루는 창의성 교육의 이론적 모델은 대부분의 경우 오스본Alex Osborn의 CPS(Creative Problem Solving)이나 토렌스Paul Torrance의 FPSP(Future Problem Solving Program)의 기본 골격을 사용한다고 볼 수 있습니다. 이들의 이론적인 기본 골격은 위계적인 것으로, 대개 창의성의 요소—발산적 사고—수렴적(비판) 사고와 사고의 원리를 차례대로 도입해 가르칩니다. 그런 다음에 이들을 바탕으로 창의적 문제해결의 국면을 문제의 발견, 창의적 해결 아이디어의 생성, 행위계획의 개발 등으로 나누고 몇 개의 단계를 밟아 수업합니다. 그런 다음에 이들 전체과정을 통합적으로 연습합니다.

지금까지 학교 창의성 교육의 세 가지의 통로—통합적 교과수업을 통한 창의성 교육, 교과수업 이외의 특별활동을 통한 창의성 교육, 재량시간을 통한 창의성 교육—를 생각해보았습니다. 그러나 마지막으로 언급해 두어야 할 것은 이들은 어디까지나 가능성으로 그렇게 열려 있다는 것일 뿐 현실에서 이것이 잘 이루어지고 있느냐 하는 것은 별개라는 것입니다.

토렌스는 '미래 문제 해결 프로그램(FPSP : Future Problem Solving Program)'을 통해, 문제에 부닥쳤을 때 생각하는 법을 가르치는 프로그램을 고안했다.
오른쪽은 그의 저서 『Why fly? : A Philosophy of Creativity』.

사회는 빠르게 변화하고 지식과 정보가 부와 권력의 핵심이 될수록 창의력에 대한 요구와 논의는 더욱 커질 것입니다.

그럼에도 불구하고 창의성의 필요성에 대한 논의와 현실 사이에는 괴리가 있을 때가 많습니다. 구호는 화려해도 실제로 하는 일은 별로 없거나 피상적일 때가 많고, 더욱이 이론적 근거를 확인하거나 경험적 검증을 하기 위한 노력을 찾아보기란 쉽지 않습니다.

여기서 전 학교 창의성 교육을 비판하는 논리들이 왜 설득력이 부족한 지에 대해 하나하나 짚어나가고자 합니다.

비판 가운데 하나는 '현재의 학교 창의성 교육'을 '재량활동 중심의 창의성 교육'에 한정된 것으로 규정하고 이러한 '학교 창의성 교육'은 '교과 수업과는 별도의 시간에, 직접적인 방식으로 창의성 프로그램과 기법을 교수하는 접근'이라 정의하곤 합니다. 그리고 이러한 창의성 교육은 인지적 기술 중심접근으로 창의적 태도나 성향을 무시하며, 탈맥락적이며, 발산적(확산적) 사고 이외의 다른 좋은 사고를 무시하며, 그리고 교과 수업에의 전이 가능성이 의심스럽다는 등의 비판적인 근거를 제시하면서 현재의 창의성 교육은 재검토해야 한다는 결론을 내립니다. 더 나아가 이러한 창의성 교육의 대안으로 '통합된 방식의 수업'을 제안하곤 합니다.

결론부터 말하면, 저는 이러한 비판의 '논리적 기저'와 그에 따른 결론에 동의하지 않습니다. 또한 '통합된 방식의 수업'이 학교 창의성 교육의 '대안'이 될 수 없다는 것도 먼저 지적해두고자 합니다.

우선 학교 창의성 교육은 인지 중심적인 것으로 '발산적 사고의 기능'만을 다루며 창의성의 성향적 측면인 태도와 기질은 무시하고 있다는 지적은 타당한 것이 아닙니다. 대부분의 창의성 교육 프로그램이 '태도 접근법'보다는 '기능 접근법'을 택하며, 그래서 '창의적 사고의 기능과 전략'을 가르치는 데 중심을 두고 있는 것은 사실입니다. 대개의 학교 창의성 프로그램이 '사고기능'의 개발에 초점을 두는 것은 창의성의 태도, 기질은 시간이 오래 걸리고 직접적으로 가르치기 어렵기 때문입니다. 그렇다고 해서 창의성 프로그램이 창의적인 성격의 개발을 무시하는 것은 아니고 창의적인 성격의 중요성을 간과하는 프로그램은 없다고 보아야 합니다. 사실은 창의성의 성향적 측면을 직접 가르치는 것은 어렵기 때문에 '사고기능'을 가르치는 과정을 통해 그것을 통합적으로 가르치려고 노력하는 것이 대부분입니다. 예컨대 브레인스토밍 기법을 가르칠 때는 발산적 사고의 기능을 가르치는 데 초점이 있지만 그와 동시에 판단 유보 등의 원리를 지킬 것을 강조합니다. 그리고 그러한 태도가 창의성의 습관이 되도록 지도합니다.

또 학교 창의성 교육은 '발산적(확산적) 사고'만을 가르친다는 지적도 있는데, 이 지적도 타당한 것이 아닙니다. 창의성 교육은 '발산적 사고'에 한정된 것도 아니고 그렇게 한정시킬 수 있는 것도 아닙니다. 사실 창의성(창의력)에 대한 정의는 지능이 무엇인가라는 질문에 대한 대답 못지않게 다양합니다. 그것은 창의적 수행에 작용하는 변수가 그만큼 많기 때문일 것입니다.

그렇다면 창의성 교육의 '무엇'은 무엇이어야 할까요. 창의성 교육에서 가르치려는 창의성은 위계적이고 수준적인 것으로 접근하고 있고, 그리고 그러한 접근은 매우 일반적입니다. 가장 기초적인 수준에서는 창의성을 '발산적 사고기능'으로 정의할 수 있습니다. 따라서 기초수준일수록 '발산적 사고라는 인지적 기술과 능력'의 교육에 초점을 둡니다. 그러나 이러한 수준의 창의성 교육이 어지간히 익숙해지면 소위 광의의 창의성의 정의를 도입해 가르치게 됩니다. 여기서는 먼저 발산적 사고를 하고 그런 다음 여기서 생성해낸 아이디어에 대해 비판적 사고하는 것까지를 포함합니다.

다시 말하면 발산적 사고와 비판적 사고가 교행적으로 한 바퀴의 두 개의 축으로 상보적으로 진행됩니다. 흔히 창의성을 '새로운' 것을 생성해내는 것으로 정의하는 것은 기초적 수준의 것인 반면, '새롭고 유용한 것'을 생성해내는 것으로 정의하는 것은 창의성의 광의의 정의라 볼 수 있습니다. 창의성에 대한 보다 고차적인 정의는 창의성을 '창의적 문제해결력'으로 봅니다. 대부분의 창의성 교육 프로그램은 기초수준에서 광의의 수준으로, 다시 창의적 문제해결력의 수준으로 점진적으로 발전해가는 과정의 어디에 있는 것으로 보아야 합니다. 어떠한 창의성 프로그램도 궁극적인 지향이 발산적 사고에 한정된다고 볼 수는 없습니다. 우리가 추구하는 학교 창의성 교육은 비판적 사고력의 개발뿐만 아니라 표현하기, 자료수집, 독서 이해와 같은 다양한 사고기능과 전략의 개발을 함께 중요시하고 있습니다. 결코 다른 좋은 사고력들을 분리시키거나 무시하지는 않습니다.

또한 학교 창의성 교육은 '교과 수업과 구별되는 별도의 시간'에 교육하며 '작은 단계로 구성해 놓은 일련의 절차를 따라 가기만 하면 된다'고 하는 지적이 있는데, 이러한 지적은 적절하지 않습니다.

교과수업과의 관계에서 볼 때, 학교 창의성 교육은 독립적으로 접근할 수도 있고, 교과수업과 통합적으로 접근할 수도 있습니다. 독립적 접근은 교과수업과는 별도의 시간에 창의성을 가르치는 반면, 통합적 접근에서는 교과 내용의 수업과 창의성 개발의 수업의 통합을 강조합니다. 그리고 이들 두 접근법은 각기 장점과 동시에 단점을 가지고 있습니다. 독립적 접근법은 일상의 쉬운 내용 소재에서 시작해 점차 도전적인 재료를 사용하기 때문에 창의적 사고기능을 편안하게, 다소간 완전하게 학습시킬 수 있는 중요한 장점이 있습니다.

재량시간 등에서 가르치는 대부분의 재료의 내용이 교과내용과는 독립적인 것이 대부분인 것은 사실입니다. 그것은 교과내용처럼 어려운 재료가 아니라 일상의 쉬운 재료를 사용해야 창의적 사고기능의 개발에 집중할 수 있기 때문입니다. 그러나 점차 사고기능이 숙달해감에 따라 재료의 내용은 보다 도전적인 것을 다루며 심지어는 교과내용을 반드시 다루지 말아야 하는 것도 아닙니다. 학교 창의성 교육이 '탈맥락적'이란 말은 그러한 교육 프로그램에서 다루는 재료(소재내용, 훈련재료)를 자세히 들여다보면 수긍이 가지 않는 지적인 것입니다.

창의성 교육의 재료 내용은 크게 보아 기초적인 것, 현실적인 것, 현실 문제의 것으로 나뉠 수 있습니다. 그리고 이들은 점진적으로 접근해가야 합니다. 기초 수준에서는 일상생활에 바탕한 인위적인 재료를 사용해 창의적 사고기능을 익히는 데 초점을 둡니다. 그러므로 이 수준에서 다루는 내용은 당연히 탈맥락적이며, 전이 가능성에 대해 신경쓰지 않습니다. 그러나 사고기능과 전략을 익힘에 따라 재료 내용은 점차로 현실적인 내용, 그리고 더 나아가 현실의 문제를 다루는 연습과 활동으로 진화해갑니다.

다음으로 학교 창의성 교육은 환경 등 다양한 변수를 고려하지 않아서 비상황적이고 탈맥락적이며, 그래서 '전체 학교 교육의 관점에서 볼 때 심각한 문제를 안고 있다'는 지적을 비판적으로 검토해보겠습니다.

이미 필자는 창의성에 대한 정의가 다양한 것은 창의적 수행에 작용하는 변수 내지 측면이 다양하다는 시사로 해석한 바 있습니다. 로도스Rhodes가 창의성의 정의를 4P로 범주화한 것도 다양한 창의성의 측면을 좀 더 단순화시켜 이해하기 위한 것일 뿐입니다. 당연한 이야기이지만 재량시간 등을 이용한 학교의 창의성 수업이 이러한 측면들을 모두 고려할 수는 없습니다. 사실 모든 것을 고려한다는 것은 아무것도 고려하지 않는 것과 마찬가지일 수 있습니다.

학교 창의성 교육과 같은 교육 실제의 실천에서는 다른 어느 분야에서와 마찬가지로 '선택과 집중의 원리'를 적용하게 됩니다. 그래서 대부분의 창의성 교육프로그램은 창의성을 사회현상으로 보기보다는 개인 수준의 개인현상으로 이해합니다. 그리고 더 나아가 사고기능에 초점을 두고 있고 '사람'(즉 창의성의 성질)을 통합적으로 강조하고자 노력합니다. 다른 모든 수업과 마찬가지로 학교 창의성 교육은 사회적 환경이나 역사적 배경 등을 포함한 '환경'의 다른 측면들(변수)을 일단은 상수로 둡니다. 그러나 그것을 무시하거나 배척하지는 않습니다. 수업이 그들을 조작할 수가 없기 때문입니다. 그렇다고 그것을 탈맥락적이며 비시스템적이라 말할 수는 없습니다. 그럼에도 불구하고 창의성 수업의 교실은 즐거워야하고 재미있어야 하며, 상호작용과 팀워크를 존중해야 하며, 그리고 수업방법은 귀납적이고 대화 중심적일 것을 우리는 강조하고 있습니다.

그렇다면 학교 창의성 교육은 별도의 시간과 별도의 프로그램을 사용해 창의성을 교육하기 때문에 전이가 일어나지 아니하며 그래서 그 유용성이 없다는 비판은 또 어떤가요. 물론, 창의성 교육에는 영역 일반적 접근법 vs. 영역 구체적 접근법의 논쟁이 있습니다. 영역 구체적이란 전문지식의 내용마다 교육해야 할 사고기능이 있기 때문에 전문적인 내용별로 창의성을 교육해야 한다는 입장입니다. 영역 일반적 지

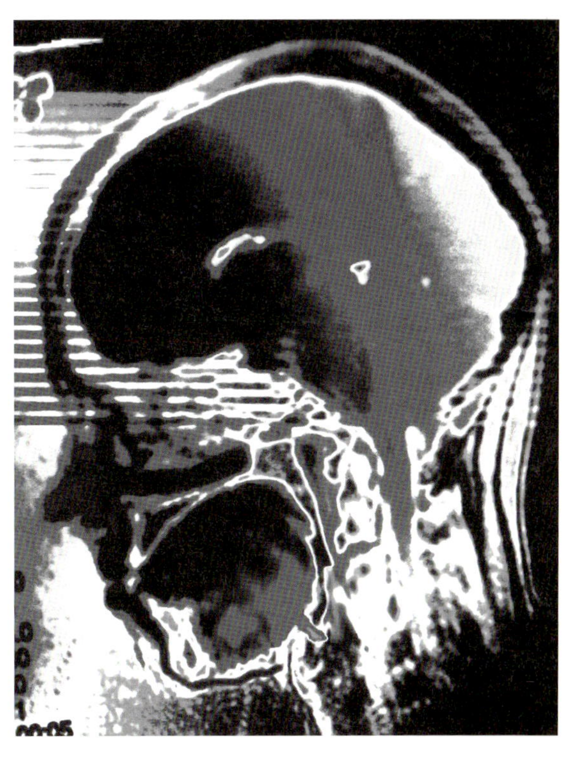

우리가 살고 있는 21세기는 분야를 넘나들며

창조적으로 사고하는 인재를 요구한다.

창의성을 높이는 교육 시스템에 대한 모색이

지속적으로 이뤄지는 것도 이 때문이다.

식이란 좀 더 일상생활적인 지식을 말하며, 이러한 지식을 가지고 하는 사고기능은 보다 일반적으로 사용할 수 있습니다. 창의성 교육의 초보 단계일수록 쉬운 재료를 가지고 영역 일반적인 사고기능을 가르치게 됩니다. 그리고 점차 전문지식 수준이 높아지면 영역 의존적인 사고기능을 가르치게 됩니다. 그렇다면, 초등학교 수준에서는 보다 영역 일반적인 내용을 가지고 보다 영역 일반적인 사고기능을 수업하는 것을 강조하는 것은 당연해보입니다. 경륜선수나 산악자전거 선수도 시작은 세발자전거 또는 일반 자전거를 배우는 데서 시작한 것 아닐까요.

때문에 현재의 학교 창의성 교육을 중단해야 한다는 주장이나 대안으로 '통합된 방식의 수업'을 해야 한다는 주장이 설득력을 얻기 위해서는 재량시간 중심의 현재의 창의성 교육을 어떻게 바르게 이해하고, 그래서 보다 바르게 실천할 수 있는지, '통합된 방식의 수업'이 어떤 것이며 그러한 수업이 어떻게 전개돼야 하는지에 대해 구체적으로 제시되어야 할 것입니다.

창의성 교육은 창의적으로 생각할 줄 아는 사람을 교육하는 것이 목적입니다. 따라서 대부분의 연구자나 문헌에서는 학교 창의성 교육을 재량시간의 창의성 교육뿐만 아니라 교과 수업을 통한 창의성 교육, 그리고 교과 수업 이외의 활동을 통한 창의성 교육까지를 포괄해 정의합니다. 그러므로 교과 수업시간을 통한 창의성 교육과 교과 수업시간 이외의 별도의 시간에 이루어지는 창의성 교육은 서로 배타적이거나, 대안적인 성질의 것이 아닙니다. 이들 각기는 서로 독립적으로 유용할 수 있으면서, 동시에 서로는 상보적일 수 있는 관계를 가지고 있습니다.

마지막으로 교육 관련에서는 인위적인 이분법이 적지 않게 있는데 이에 대해 언급하고 싶습니다. 예컨대 발견 학습 vs. 직접 수업, 그리고 개별학습 vs. 협력학습의 논쟁 같은 것들입니다. 창의성 교육에서도 이러한 이분법적 논쟁이 몇 가지가 있는데, 거기에는 독립적 접근 vs. 통합적 접근, 영역 일반적 접근 vs. 영역 구체적 접근, 기능 접근 vs. 태도 접근, 내용중심 접근 vs. 과정중심 접근 등이 있습니다.

이들 이분법적인 논쟁은 대개가 서로 극단적으로 대립하며 상반됩니다. 이러한 이분법적 논쟁에서 우리의 선택은 무엇이어야 할까요. 창의성 교육과 같은 교육의 '실제장면' 을 생각한다면 어느 하나가 아니면 다른 반대편의 선택이어야 할까요. 사실 교육의 실제장면에서는 여러 가지를 고려해서 결정해야 하기 때문에 대개는 상황적이고 맥락적일 수밖에 없습니다. 즉 단순한 이론의 장면이 아니라 실제 장면에서 이루어지는 의사결정은 대부분 어떤 설충적인 것이 될 수밖에 없다는 것을 우리는 알고 있습니다. 그래서 현실장면의 실제의 우리는 이것의 단점은 무엇이고 저것의 단점은 무엇인지를 우선적으로 보아서는 안 됩니다. 오히려 이것의 장점은 무엇이고 저것의 장점은 무엇인지를 먼저 찾아야 하고, 나아가 이 장점과 저 장점의 어떤 조합 같은 것을 찾아 사용하는 것이 보다 더 올바른 것이라 보고 싶습니다.

창의 교육의 쟁점,
'과학주의' VS. '몰입'

창의성은 인간이 지닌 가장 소중한 능력이자 인성 중의 하나이다. 따라서 '창의성을 어떻게 계발하고 함양할 것인가'의 문제는 교육계에서도 늘 고심하는 주제 중 하나이다.

창의성 교육에 대한 학계의 입장은 크게 세 가지로 구분할 수 있다. 우선 과학적 프로그램을 통해 창의성 계발이 가능하다고 보는 과학주의적 입장이 있다. 그리고 모든 과목을 충실하게 공부하면 창의성이 자연스레 계발될 것이라고 보는 교양교육적 입장이 있고, 마지막으로는 인위적 프로그램보다는 몰입이 있을 때 창의성이 계발된다고 보는 진보주의적 입장이 있다. 이 중에서 과학주의적 입장과 진보주의적 입장을 살펴보자.

과학주의적 입장은 심리학적 통계에 입각, 과학적으로 고안된 프로그램을 통해 창의성을 평가하고 계발하자는 입장이다. 브레인 스토밍(Brain storming)으로 유명한 오스본 박사가 선구자 격인데, 1950년대 그가 고안한 CPS(Creative Problem Solving)는 기업체와 교육계 등 많은 곳에서 지금도 활용되고 있는 창의성 관련 프로그램의 토대가 되고 있다. CPS는 6단계의 창의적 문제 해결 프로세스를 통해 일종의 구조화된 틀을 제공한다.

토렌스가 개발한 FPSP(Future Problem Solving Program)는 CPS를 교육 현장에 더욱 적합하게 만든 것으로, 창의적 영재 교육 프로그램에 활용되고 있다. 한편 수평적 사고 개념의 창시자인 드 보노Edward de

수평적 사고 개념을 만든 드 보노. 오른쪽은 그의 저서 『Lateral Thinking』.

Bono의 창의성 교육 프로그램인 CoRT(Cognitive Research Trust)도 유명한데, 외국과 달리 국내에서는 그리 널리 활용되고 있지는 못하다. 그 외에 공학 분야에서는 구 소련에서 개발한 트릿츠(Triz) 프로그램이 있다. 국내에서는 김영채 계명대학교 교수와 이순복 성균관대학교 교수 등이 유명하다.

한편 진보주의적 입장은 미국의 교육철학자인 듀이에 그 연원을 두고 있다. 이 입장에 따르면 창의성은 몰입을 통해 새로운 경험을 재구성해가는 과정과 같다. 여기서 진보주의자들이 말하는 몰입이란 쾌락

기능심리학을 주창한 미국의 교육철학자이자
심리학자인 존 듀이.

추구에 대한 몰입과는 달리 경험의 질적 변화를 가져오는 몰입으로서
교육적이라고 지칭할 수 있는 것이다.

이 입장의 대표자로는 칙센트미하이 클레어몬트 대학교 교수가 있
는데, 그는 창조적 인간의 세 가지 조건으로 전문지식, 창조적 사고 그
리고 몰입을 들고 있다. 그에 의하면 창의적 결과는 지식이나 창조적
사고에서 나올 수 없고, 몰입과 열정이 수반할 때 가능한 것이다. 조용
기 대구교육대학교 교수와 최석민 대구교육대학교 교수는 듀이에서
대안적 창의성에 대한 생각을 끌어내기 위해 지속적인 노력을 하고 있
는 대표적 학자로 꼽을 수 있다.

두 입장은 결국 창의성이라는 것이 이른바 창의성 프로그램을 통해
계발될 수 있느냐는 점을 두고 대립한다. 진보주의적 입장에 선 학자
들은 표준화되고 정형화됐으며 특정한 시간 동안에 제한된 상황에서

만 활용되는 프로그램식 접근을 통해서는 창의성을 제대로 계발할 수 없다고 본다. 특히 이들은 창의성 발휘에 필수적인 열정과 몰입의 단계는 프로그램과 같이 인위적인 도구가 주류가 돼서는 도달할 수 없다고 본다.

반면 프로그램을 통한 창의성 계발을 주장하는 과학주의적 입장은 이러한 진보주의자들의 입장이 이론적으로 탄탄하지 못할 뿐만 아니라 현실성도 없다고 반박한다. 특히 과학주의적 입장을 지지하는 많은 학자들은 창의성에 대한 프로그램식 접근법이 창의성 발현의 조건 중 하나인 기질이나 태도 등을 무시하는 것이 아니며, 제한된 상황에만 적용되는 것도 아니라고 지적한다. 아울러 실질적 성과를 기대하기 위해서는 프로그램에 의한 접근법이 보다 효율적이고 적합하다는 점을 강조한다.

오주훈 교수신문 기자

"인종 간 지능의 우열을 가리는 유전자가
앞으로 10년 내에 발견될 수 있을 것이다."

제임스 왓슨

전통 지능이론과 IQ 검사, 아직 유효하다

박혜원

울산대 생활과학부 교수

서울대학교를 졸업하고, 미국 메사추세츠 대학교에서 발달심리학으로 박사학위를 받았다.
한국 웩슬러 유아지능검사(1996), 한국 웩슬러 아동지능검사(2000), 한국 베일리
영유아발달검사(2006) 등을 표준화하였다. 저서로는 「한국어－영어 이중언어 사용 아동의
인지발달」 등의 저서가 있고, 논문으로는 「기질의 안정성 : 단기 종단분석」
「한국 및 중국조선족 청소년의 글에 나타난 언어학적, 심리학적 특성비교」 등이 있다.

전통적 지능이론은 지능검사라는 도구를 통해
실용적으로 우리에게 다가와 있습니다.
비네(Binet)의 지능검사를 시작으로 볼 때
이제 100살을 넘은 지능검사가 아직도 유용한 이유는
바로 실용성입니다.

아시다시피 인간의 지적 능력에 대한 관심은 인류의 역사와 함께 할 것입니다만 지능에 대한 체계적인 연구는 19세기에 이르러 골턴Francis Galton으로부터 시작됐습니다. 골턴이나 커텔 James Mckeen Cattell 등 초기 연구자들은 심리학을 철학으로부터 분리하고, 인간의 사고를 과학의 대상으로 만들기 위해 감각기능 등 수량화하기 쉬운 능력을 중심으로 지능을 정의했습니다.

그러나 이러한 지능은 인간의 사고능력을 반영하지 못했고 이어서 등장하는 공식적인 지능이론들에 의해 추론(reason), 계획(plan), 문제해결(problem solving), 추상적 사고(abstract thinking), 이해(comprehension), 언어(language), 학습능력(learning) 등을 총괄하는 포괄적인 개념으로 정의되었습니다. 그러나 지능은 창의성(creativity), 성격(personality), 특성(character), 지식(knowledge), 지혜(wisdom) 등과는 구분되고 있습니다(Sattler, 1988).

다만 이러한 지능을 하나의 전반적인 능력으로 볼 것인지에 대한 의견은 학자에 따라 달라 스피어맨Charles Spearman은 2요인론(일반 지능과 특수 지능), 서스톤Louis Thurstone은 7가지 기본정신능력(언어 유창성, 언어 이해, 시공간 개념, 수, 기억, 추론, 지각적 속도)을 주장했고, 커텔은 일반 지능을 다시 유동성 지능과 결정성 지능으로 구분했습니다.

이러한 분화적 입장의 가장 대표적인 학자인 길포드Joy Paul Guilford는 180개 이상의 독립적인 요소의 조합으로 구성된 지능구조를 주장했습

골턴은 처음으로 '개인차'를 측정하고 설명하고자 한 심리학자였다. 측정광이었던 골턴은 키, 머리 크기, 반응시간 등을 측정함으로써 인간의 신체적, 정신적 능력의 개인차를 우생학적으로 설명하려고 했다.

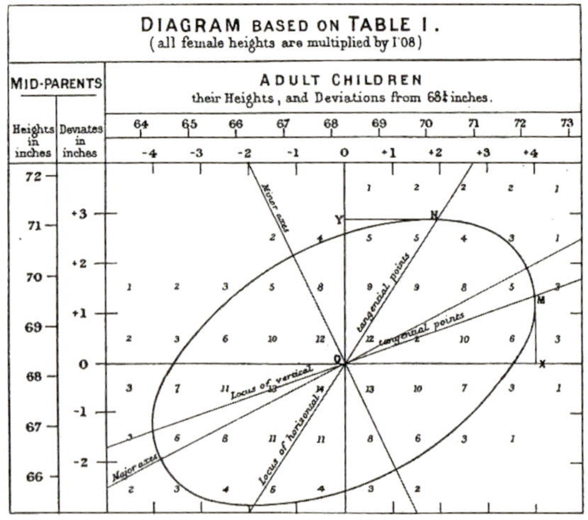

니다. 즉 전통적인 지능이론에서 가장 중요한 논쟁점은 인간의 모든 지적 수행 능력을 관장하는 일반 요인이 있는지, 아니면 서로 구분될 수 있는 세부 요인으로 나눠지는지와 관련되어 있습니다.

가드너의 다중지능이론(Multiple Intelligences)은 지능요소를 분화시킨 서스톤의 영향은 받은 것으로 알려져 있습니다. 그러나 80년 가까이 학계에서 인지적 영역에 국한됐던 지능을 신체적, 정의적 영역 등으로 넓힌 가드너의 MI이론은 엄밀한 의미에서 기존의 지능이론과는 비교할 수 없는 이론이라고 하겠습니다. 골먼Daniel Goleman의 정서지능(EQ) 이론에 대해서도 본인은 정서 '지능' 이라는 용어보다 지능과 대비할 수 있는 '정능(情能)' 이라는 표현이 더 적절하다고 생각하고 있습니다.

가드너의 접근을 학계에서 중요하게 여기는 이유는 인간 능력의 다양성을 인정할 때 유용하기 때문일 것입니다. 그럼에도 불구하고 MI이론은 인간의 행동을 예언하고 유용하게 사용될 수 있는지와 관련해 문제를 지니고 있습니다. 우선 MI이론은 심리측정적으로 훌륭한 점수를 받지 못하고 있습니다.

서스톤의 7가지 지적 능력들이 엄밀한 심리측정학적 분석에서 각각 분리될 수 있는 지능으로 도출되기보다 일반 요인(g)로 묶여 오히려 일반 지능의 존재를 입증했던 것처럼, 가드너의 MI이론도 전통적인 지적 영역뿐 아니라 사회성과 영성을 포함해 일부 MI의 지능들은 서로 분리

프랑스의 심리학자이자 의사인 알프레드 비네는 '비네 · 시몽 지능 조사법'을 만들어
지능 검사의 기초를 세웠다. 처음에 이 지능검사는 정신박약아를 검출하기 위한 것이었다.

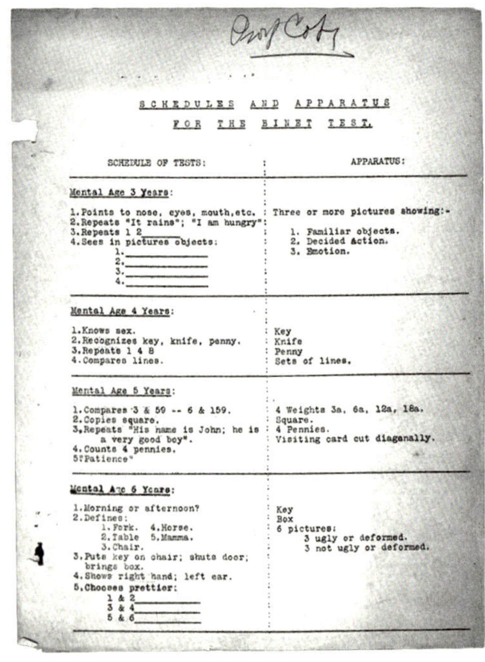

SCHEDULES AND APPARATUS
FOR THE BINET TEST.

SCHEDULE OF TESTS:	APPARATUS:
Mental Age 3 Years:	
1. Points to nose, eyes, mouth, etc.	Three or more pictures showing:-
2. Repeats "It rains"; "I am hungry":	
3. Repeats 1 2 ______	1. Familiar objects.
4. Sees in pictures objects:	2. Decided Action.
1. ______	3. Emotion.
2. ______	
3. ______	
4. ______	
Mental Age 4 Years:	
1. Knows sex.	Key
2. Recognizes key, knife, penny.	Knife
3. Repeats 1 4 8	Penny
4. Compares lines.	Sets of lines.
Mental Age 5 Years:	
1. Compares 3 & 59 -- 6 & 159.	4 Weights 3a, 6a, 12a, 18a.
2. Copies square.	Square.
3. Repeats "His name is John; he is	4 Pennies.
a very good boy".	Visiting card cut diagonally.
4. Counts 4 pennies.	
5. "Patience"	
Mental Age 6 Years:	
1. Morning or afternoon?	Key
2. Defines:	Box
1. Fork. 4. Horse.	6 pictures:
2. Table 5. Mamma.	3 ugly or deformed.
3. Chair.	3 not ugly or deformed.
3. Puts key on chair; shuts door;	
brings box.	
4. Shows right hand; left ear.	
5. Chooses prettier:	
1 & 2 ______	
3 & 4 ______	
5 & 6 ______	

되기 어렵고 또한 일부는 서로 상관이 거의 없어 지능이라는 테두리 안에서 이해될 수 있는가 하는 문제를 안고 있습니다.

또한 인문사회과학의 많은 주제들의 정의는 그것이 옳고 그른가 하는 측면보다 그 정의가 얼마나 유용한가에 따라 논의될 수 있습니다. 전통적 지능이론은 지능검사라는 도구를 통해 실용적으로 우리에게 다가와 있습니다. 비네Alfred Binet의 지능검사를 시작으로 볼 때 이제 100살을 넘긴 지능검사가 아직도 유용한 이유는 바로 실용성입니다. 세계대전에 돌입한 미국이 신병의 업무 배치를 위해 지능검사를 사용해 전쟁을 승리로 이끌 수 있었다고 하는 주장은 과장된 점이 있습니다만, 아직까지 지능검사만큼 간단하면서도 훌륭하게 인간의 행동을 예언할 수 있는 도구는 찾아볼 수 없습니다.

지능검사가 학업 수행과 사회적 성취 모두를 성공적으로 예언하고 있다는 사실은 수많은 연구에서 밝혀져 있어 아무도 부인할 수 없을 것입니다. 반면 분화된 지능요소이론인 길포드의 지능구조 모델(Structure of Intellect Model)에 의한 검사도구는 기존 지능검사를 해석하는 데 주로 사용됐으며 지능검사로서 성공을 거두지는 못했습니다.

가드너의 MI이론도 아직 각 영역의 능력을 간편하게 측정하는 신뢰할 수 있는 도구의 개발이 어렵고 따라서 이론의 활용도가 낮습니다. 골먼의 정서지능 이론이 아직까지 과학적으로 지능을 능가하는 유용성을 보여주지 못한 것과 마찬가지입니다. 가드너의 이론은 실용성의 측면에서 해결해야 할 과제가 남아 있다고 하겠습니다.

이렇듯 자칫 오해하기 쉬운 지능과 지능검사에 대한 올바른 이해를 통해 수많은 과학자들이 개발하고 있는 도구들이 유용히 사용됐으면 하는 바람이 있습니다. 21세기에는 과학의 눈부신 발전, 특히 뇌과학의 발전을 고려할 때 생리적 지표를 활용한 지능이론 등의 등장에 대해 무척 기대됩니다. 무엇보다도 이러한 과학의 발전은 현재의 지능검사보다도 실용적이면서도 타당도와 신뢰도가 높은 지능검사의 개발을 가져올지도 모르겠습니다. 그러나 아직은 전통적 지능이론과 지능검사를 대체할 대안은 나오지 않고 있습니다.

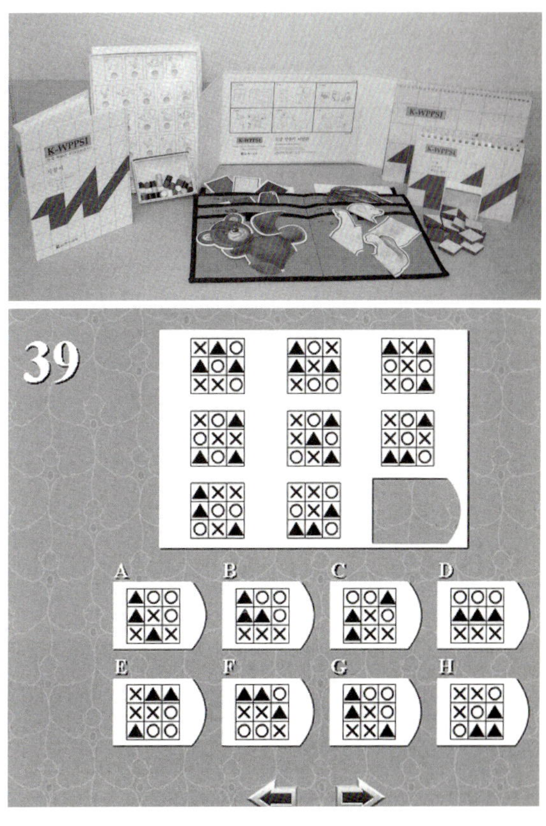

개인의 지적 능력을 평가하는 지능검사는 논리력, 수리 능력, 언어 능력,
공간지각 능력을 측정하는 유용한 도구로 사용되어왔다.

IQ 개념 대체할
다중지능(MI) 이론

문용린

서울대 교육학과 교수

서울대학교를 졸업하고, 미국 미네소타 대학교에서 박사학위를 받았다. 교육인적자원부 장관을 역임한 바 있으며, 현재 서울대학교 교육학과 교수로 재직 중이다. 저서로는 「내 아이 크게 멀리 보고 가르쳐라」「열 살 되기 전에 사람됨을 가르쳐라」「부모들이 반드시 기억해야 할 쓴 소리」 등이 있고, 논문으로는 「한국인의 도덕 판단력 발달에 관한 비교연구」「학교폭력의 발생과정에 대한 남녀 차이 분석 : 피해자 상담사례분석을 중심으로」 등이 있다.

다중지능이론은 창의성이나 리더십 등 인간 속에 잠재된 고유한 능력에 대한 접근의 패러다임을 획기적으로 변혁시키고 있습니다. 아마도 다중지능 이론은 칙센미하리의 몰입이론과 함께 장차 창의성과 리더십을 설명하는 가장 효율적인 패러다임이 되지 않을까 생각됩니다.

모든 인간을 단일 능력으로 서열화하는 것은 엄청난 부작용을 초래하고 있으며, 근본적으로 인간의 잠재 능력에 대한 낭비이자 모독입니다. 인류 역사에 공헌한 비범한 인재 혹은 천재라 불리는 사람들은 IQ가 높았던 것이 아니라 자신에게 주어진 잠재 능력의 계발과 발휘에 성공한 사람들입니다.

IQ는 과연 저마다 개성과 재능을 가진 우리의 지능과 능력을 파악하는 유일한 기준일까요. 단 하나의 척도로 사람을 평가해 '머리 나쁘면 평생 고생'이라는 말로 타인을 깎아내리고 자신에 대해서는 자조해야만 할까요. 자신이 좋아하는 분야에서 각자의 강점을 살려 서로에 대한 우월감이나 열등감 없이 조화를 이루며 살아갈 수는 없을까요.

이런 문제의식을 가지고 지난 100년 동안 군림해 온 IQ 이론의 결점과 한계를 통렬하게 지적하고 새로운 지능이론을 제시한 사람들이 나타나기 시작했습니다. 다중지능(MI, Multiple Intelligences)이론을 제시한 가드너 Howard Gardner 교수가 그런 학자들 중의 하나입니다.

가드너는 원래 음악에 정열을 쏟던 피아니스트 지망생이었습니다. 그러다가 학문의 세계에 들어와 심리학을 연구하게 됐는데 심리학이 창조성을 기반으로 한 '예술' 능력에 대해서 아무 것도 말해 주지 않는다는 데 충격을 받았습니다. 예컨대 음악에 대한 소질, 적성과 능력은 IQ와 어떻게 관련되는 것일까요. 불행하게도 그는 그때까지의 IQ 연구로부터 아무런 설명도 발견할 수가 없었습니다.

그동안 IQ라는 장막에 가려져서 좀처럼 찾을 수 없었던 인간 잠재능력의 진면목을 발견해보려는 가드너 교수의 노력은 매우 주목받는 작업이었습니다.

인간이 가진 모든 능력은 뇌에서 나옵니다. 뇌를 통하지 않고서는 우리는 어떤 능력도 발휘할 수가 없습니다. 다중지능이론은 뇌에 대한 이런 연구를 바탕으로 등장하게 됩니다. 특히 1981년 미국의 노벨의학상 수상자인 로저 페리Roger Perry가 발표한 좌우뇌 이론이 다중지능 이론을 뒷받침하는 데 큰 역할을 했습니다.

대뇌는 왼쪽 뇌와 오른쪽 뇌로 나뉘는데 각각 반대편에 있는 몸의 지각과 운동을 담당하고 있습니다. 뇌출혈이나 사고 등으로 한쪽 뇌를 다쳤을 때, 그 반대쪽 몸에 이상이 나타나는 것이 그 증거입니다. 왼쪽 뇌는 언어 뇌라고 하며 언어 중추가 있습니다. 따라서 왼쪽 뇌가 발달하면 분석적이고 논리적이며 합리적으로 사고하는 능력이 뛰어나게 됩니다. 오른쪽 뇌는 이미지 뇌라고 하는데 그림이나 음악 활동, 스포츠 등 감각적이고 직관적인 분야를 담당하고 있습니다. 지난 100년 가까이 이어져 온 IQ 검사는 주로 언어 및 수리와 관련된 두뇌의 기능을 측정한 것으로, 좌우뇌 이론에 비추어 볼 때 왼쪽 뇌의 능력만을 측정했음을 알 수 있습니다.

그렇기 때문에 가드너는 두뇌 양쪽의 전반적인 기능을 모두 포괄하는 능력에 주목했고, 이 능력 중 더 기초적이고 근원적인 능력 요소를

다중지능이론을 고안한 하워드 가드너.

다중지능이론은 인간의 다양한 능력을 측정하기 위해 IQ와 EQ뿐 아니라

음악, 신체운동, 공간, 인간친화지능 등까지 측정하고자 한다.

다중지능이라고 보았습니다. 뇌를 통해서 발현되는 능력이 하나의 다중지능으로 간주되기 위해서는 여러 가지 조건을 만족시켜야 하는데, 그 중 하나가 두뇌의 어떤 부위와 깊은 관련이 있어야 한다는 것입니다.

가드너의 다중지능이론에 의하면, 무지개가 일곱 가지 색으로 구성된 것처럼, 인간의 소질과 능력의 본산인 잠재능력은 다음과 같은 여덟 가지 지능의 모습으로 존재합니다. 이 여덟 가지 다중지능들은 각각 특정 두뇌부위와 깊은 관련이 있다고 합니다.

예컨대 언어지능은 좌측두엽(왼쪽 뇌의 측두엽 ; 왼쪽 귀의 안쪽 뇌)과 전두엽의 기능과 관련돼 있는데, 그 부분의 뇌가 손상을 입으면, 언어지능이 급격히 저하됩니다. 신체운동지능은 소뇌, 기저핵 그리고 대뇌의 운동피질과 관련돼 있으며, 인간친화지능은 전두엽, 측두엽 그리고 변연계와 관련이 깊습니다. 자기성찰지능은 전두엽, 두정엽 그리고 변연계와 관련되며, 논리수학지능은 두정엽의 좌측부분과 우반구가 관련돼 있습니다. 공간지능은 우반구의 후반부, 음악지능은 우반구의 측두엽과 관련이 깊습니다. 다만 자연친화지능은 아직까지 두뇌의 특정 부위와의 관련성을 구체적으로 확인하지 못하고 있습니다.

이와 같이 두뇌 부위와 다중지능은 상호 깊이 관련되어 있습니다. 따라서 다중지능이론을 바탕으로 자신의 잠재능력을 발견하고 발전시키는 것은 결국 두뇌의 잠재력을 일깨우고 더욱 발전시키는 노력과 일치하는 것이라고 볼 수 있습니다.

특히 이 다중지능이론은 창의성이나 리더십 등 인간 속에 잠재된 고유한 능력에 대한 접근의 패러다임을 획기적으로 변혁시키고 있습니다. 가드너가 피카소, 아인슈타인, 프로이드, T. S. 엘리엇 등의 창의성 분석에 심취했고, 간디, 루스벨트, 루서 킹 목사, 대처 수상 등의 리더십 분석에 몰두한 까닭이 여기에 있습니다. 아마도 다중지능이론은 칙센트미하이의 몰입이론과 함께 장차 창의성과 리더십을 설명하는 가장 효율적인 패러다임이 되지 않을까 생각됩니다.

전통 지능이론 VS. 다중지능이론

전통적인 지능이론은 골턴의 연구에 기원을 두고 있다. 그의 시도는 인간의 능력을 계량화해 과학의 대상으로 만들려는 의도에서 시작됐다. 지능이론은 비네의 지능검사 등을 시작으로 실제 교육 현장과 여러 분야에 적용되면서 위력을 발휘하기 시작했다.

특히 군대, 직장 등에서는 적절한 업무 분담을 위해, 병원에서는 장애판별과 장애유형 구분을 위해, 학교에서는 학생들의 인지적 장단점을 드러내기 위해 활용되었다. 2차 세계대전을 전후해 미국에서 쓰인 Army 알파/베타 검사는 유명한 예이다.

그런데 초기에는 지능검사의 결과를 연구자들이 인종주의적으로 해석해 많은 논란을 낳기도 했다. 최근에도 DNA 발견자로 유명한 제임스 왓슨이 흑인의 지능이 백인보다 떨어진다는 취지의 말을 해서 소동을 야기한 바 있다. 게다가 IQ가 인간 능력 중 일부를 서열화해 이데올

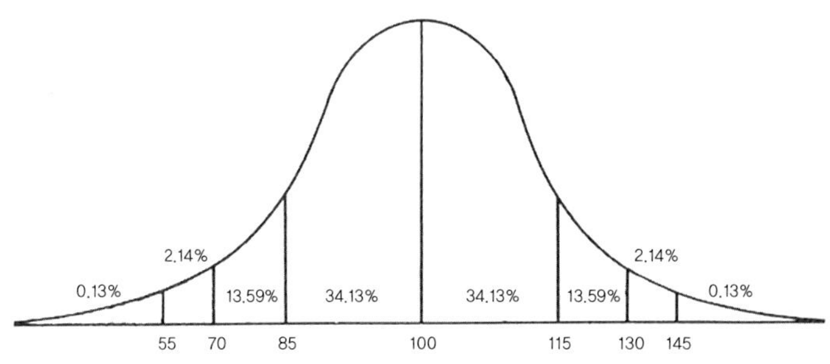

로기적으로 활용된다는 비판은 이미 오래 전부터 제기됐다.

긍정적으로 평가하면 장애(혹은 영재성)의 판별과 각자에게 적합한 인지 능력의 파악이지만, 나쁘게 말하면 인간을 '인적자원'처럼 활용하려는 의도가 아니냐는 비판이다. IQ로 상대방의 능력을 재단하는 고정관념 등도 이러한 폐해 중 하나이다.

이런 비판 속에서 학자들은 지능이론을 발전시키면서 지능이 단일한 지수만으로 측정 가능한 것이 아니라, 여러 세부적 인지능력들로 나뉘질 수 있다는 주장을 전개했다. 그러나 지능이 창의성이나 성격, 신체 능력 등과는 구분되는 개념이라는 점은 변함이 없었다. 이에 대해, 과연 인간의 능력을 온전히 반영하는가의 문제가 지적됐다.

서스톤의 영향을 받은 가드너의 다중지능이론은 기존 지능이론의 이러한 문제점들에 대한 대안으로 제시됐다. 우선 기존의 지능이론이 지나치게 인지적 능력에만 초점을 맞춘 것이라는 반성 하에, 다중지능이론은 음악 지능, 신체 운동적 지능 및 영성 지능까지 포괄하는 지능 개념을 내세운다. 그래서 신체와 정서적 영역까지 포괄한 지능 개념을 통해 인간의 능력을 보다 총체적으로 연구하고, 기존 지능이론이 보지 못한 잠재 능력을 발굴하고자 한다.

다중지능이론의 이러한 입장은 주창자인 가드너의 예술적 배경 외에, 뇌과학의 연구에도 일정 부분 기반을 두고 있다. 로저 페리 등의 좌우뇌 이론은 인간의 좌뇌가 분석적, 논리적 능력을 담당하고, 우뇌가 창조성과 감각적 능력을 담당한다고 주장한다. 따라서 좌뇌의 능력에만 초점을 둔 기존 지능검사는 반쪽짜리이고, 지극히 중앙집권적인 검사라는 것이 다중지능이론의 입장이다.

그런데 다중지능이론도 여러 측면에서 비판의 대상이 되고 있다. 우선 문제는 다중지능이론이 주장하는 여러 지능들 각각이 과연 독립적인가하는 점이다. 각각의 지능들이 독립적일 수 없다면, 애초에 '다중'이라는 개념 자체가 성립될 수 없기 때문이다. 아울러 영성, 대인 지능 등이 과연 합리적인 지능 개념에 포함될 수 있겠느냐는 비판도 만만치 않다.

이는 무엇보다 이론적 개념의 문제로, 지능이라는 말 자체가 측정 가능한 인지적 능력을 전제하는데, 다중지능이론이 이러한 '지능'이라는 개념을 전용한다는 것 자체가 논란이 되는 것이다. 게다가 아직 효과적으로 각각의 지능들을 측정할 도구가 부재하다는 점도, 현장 적용을 염두에 둘 때 한계라는 지적이 있다.

이런 논쟁의 지형은 향후 다중지능이론이 어떤 검사 도구를 개발하느냐와 '지능'이라는 개념의 정의에 대한 학계의 공통된 이해와 합의 여부에 따라 달라질 것으로 보인다.

오주훈 교수신문 기자

“기술의 힘과 자율성은 너무나 공고해져서 이제는
무엇이 도덕적인지를 결정하는 재판관도,
새로운 도덕의 창조자도 기술이다. 그러니까 기술은
새로운 문명의 창조자 역할을 하는 것이다.”

자크 엘륄, 『기술사회』 중에서

이준기

연세대학 정보대학원 교수

미국 카네기멜론 대학교 사회학과에서 석사학위를 받고, USC 대학교 경영학과에서
박사학위를 받았다. 현재 연세대학교 정보대학원 교수로 재직 중이다. IT를 이용한 경영전략에
관심이 있다. 지은 책으로는 「웹 2.0과 비즈니스전략」 「서비스사이언스」 등이 있고,
논문으로 「ERP 를 통한 지식경영」 「모바일서비스의 활용도와 프라이버시의 관계」 등이 있다.

정보를 어디서 찾을 수 있는가의 정보도 기억이 돼야 하며
앞으로는 정보 자체의 기억보다는 이런 정보를 찾을 수 있는
소스나 방법의 기억이 더욱 중요해질 것이기 때문입니다.
이것을 분석능력의 퇴보로 이해하는 것도 지나친 비약입니다.
정보를 내 기억 속에서 찾건 다른 데에서 찾건 분석 능력은
계속 중요할 것이기 때문입니다.

전자 기기들이 우리 주위에 쌓여 가며 우리는 점점 기억을 놓기가 쉽습니다. 노래방 기기가 없으면 애창곡 하나도 못 부르고 네비게이션이 없으면 갔던 곳이라도 매우 낯설게 느껴지지요. 이런 문제는 저만의 문제가 아니고 우리 주위에서 흔하게 접할 수 있는 문제가 되어 이것을 디지털 치매라고 부르는 것 같습니다.

사실 전자 기기에 의존함으로써 기억을 못 하게 되고 자꾸 무엇인가를 잊게 되는 것에 대해 많은 염려가 있는 것은 사실입니다. 저도 그 현상 자체가 좋은 것이라고 주장할 생각은 전혀 없습니다. 하지만 제가 말하고자 하는 것은 이것이 단순히 좋다 나쁘다고 말할 수 없는 복잡한 현상이며 현대 사회에서 일하는 환경의 진보와 같이 진행됨을 말하고자 합니다.

경영정보학을 공부한 사람으로 컴퓨터와 인간의 일에 관한 연구를 조금 해보았습니다. 초기에 컴퓨터가 인간의 지적 노동력, 예를 들어 단순 계산이나 기계적인 일을 대신하게 됐을 때 많은 마르크스 중심의 학자들은 컴퓨터가 인간의 일을 대신함으로써 노동자는 일을 뺏기게 되고 자본가만 더 배부르게 된다는 주장을 했습니다.

이 논리는 아주 틀린 말은 아닙니다. 특히 컴퓨터 응용의 첫 번째 단계는 'Automate', 즉 자동화였으니 인간의 일을 컴퓨터가 대신한다는 것은 맞는 말이었습니다. 하지만 IT가 더 발달함에 따라 이 논리는 힘을 잃게 됐습니다. 오늘날의 컴퓨터는 그 자체로 새로운 비즈니스를 창출하고 있습니다.

사람들은 IT를 통해 좀 더 창조적인 일을 만들어 갑니다. 오늘날 구글이나 애플의 아이팟 등을 보면 IT 기기를 사용해 인간들에게 좀 더 나은 정보와 자료를 제공하고 있습니다. 그래서 나온 말이 1988년의 하버드 대학교 교수 주보프Zuboff의 'Informate', 즉 정보의 창출입니다. 컴퓨터가 인간에게 진정으로 제공하는 가치의 1단계가 오토메이트였다면 인포메이트는 그 다음 단계가 되는 것입니다. 초반에 컴퓨터는 인간의 일을 대체함으로써 인간의 능력을 감퇴시키는 측면이 있지만 사실 자세히 보면 정보를 통해 새로운 능력을 배가시키고 있습니다.

우리가 우리 주위의 기기들 때문에 점점 디지털 치매에 걸린다는 것에서 떠나 현대의 직장에서 진행되는 일을 생각해보면 우리는 과거와 완전히 다른 방식으로 일하고 있음을 알게 됩니다. 세상은 훨씬 더 복잡해졌고 제공되는 정보의 양은 너무나 많으며 상대해야 하는 사람의 수도 훨씬 많아졌고, 무엇보다도 발달된 정보통신기술 때문에 이들을 실시간으로 상대해야 합니다. 그렇다면 지금의 현상의 요점은 기억의 감퇴가 아닌 주위집중의 감퇴입니다.

주위집중을 한 일에서 다른 일로 빨리빨리 넘어갈 때 우리는 각 일에 관한 정보를 모두 갖고 있기가 힘들게 됩니다. 즉, 하루에 서른 가지가 넘는 일을 처리하며 각각에 맞는 정보를 다 기억하기는 불가능합니다. 그렇다면 필요한 정보는 다른 곳에 저장했다가 빨리 찾아내어

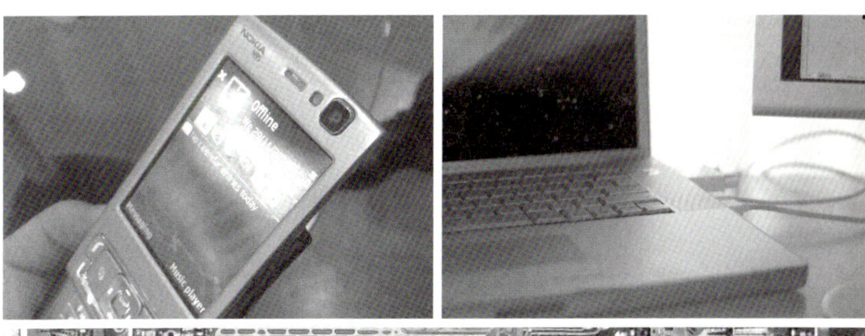

외우고 있는 전화번호가 손가락으로 꼽힐 정도이고,

암산한 값을 확신하지 못해 계산기로 다시 검산하고,

길을 찾기 위해서는 네비게이션이 꼭 필요한가?

이러한 현상은 '디지털 치매'라 불리는데,

이것은 디지털 기기에 지나치게 의존한 나머지

기억력과 계산 능력이 떨어진 상태를 일컫는다.

사용해야 합니다. 다른 일로 넘어갈 때 지금 일의 정보에 관한 것은 다른 매체에 기억이 되고 후에 또 다시 이 일로 돌아왔을 때 금방 접근이 가능해야 합니다. 우리는 스톤Linda Stone이라는 여류작가가 1998년에 말한 '끊임없는 작은 집중'(continuos partial attention)의 시대에 살고 있습니다. 이제 정보는 기억하는 것이 아니고 찾는 것이 되는 시대가 되고 있습니다.

이렇듯 현대의 일하는 환경이 바뀜에 따라 우리 뇌의 능력은 점점 기억하는 뇌가 아닌 필요한 정보를 빨리 찾는 뇌로 바뀌어갑니다. 웹2.0, 집단지성 등의 현상은 이러한 전이를 더욱 부채질하고 있습니다. 내가 알고 있는 몇몇의 정보보다는 (내가 이 분야 전문가라고 치더라도) 다른 사람이 갖고 있는 모든 정보를 모아놓은 것이 정보로써 훨씬 더 가치가 있으며 나만의 정보를 잘 기억하는 사람보다는 여기 저기 놓여 있는 정보를 효과적으로 잘 찾는 사람의 능력이 훨씬 중요하게 여겨지는 사회로 바뀌고 있다고 볼 수 있습니다.

MS의 MyLifeBits나 MIT 미디어랩Media Lab의 실험 프로젝트인 일상의 모든 일을 컴퓨터로 저장하는 프로젝트도 이런 면에서 흥미롭습니다. MIT의 프로젝트에서는 녹음된 일상의 모든 대화가 컴퓨터 프로그램을 통해 글로 변환돼 다 저장되고 있습니다. MS의 디지털 일기라는 프로젝트는 한술 더 떠서 모든 것을 비디오로 촬영하고 컴퓨터로 기록하며 필요한 것을 찾을 수 있게 해줍니다. 물론 이것을 사용해 자동차

키를 어디에 두었는지 금방 알아낼 수도 있고 혹시 부부 싸움이 옛날에 그런 말을 했는지 안했는지 논쟁을 하는 것이라면 금방 결판이 날 것입니다.

어떤 사람들은 지금의 디지털 기기로의 의존은 결국 인간의 기억 능력을 크게 떨어뜨려 인간을 퇴보하게 만들 것이라고 합니다. 하지만 보조기억이 기기로 이동하는 것이 기억능력의 퇴보는 아니라고 봅니다. 정보를 어디서 찾을 수 있는가의 정보도 기억이 돼야 하며 앞으로는 정보 자체의 기억보다는 이런 정보를 찾을 수 있는 소스나 방법의 기억이 더욱 중요해질 것이기 때문입니다. 이것을 분석능력의 퇴보로 이해하는 것도 지나친 비약입니다. 정보를 내 기억 속에서 찾건 다른 데에서 찾건 분석 능력은 계속 중요할 것이기 때문입니다.

아직도 많은 사람들은 전자 기기에 의존을 함으로써 많은 것을 잊어버린다고 불평을 하고 혹시 내가 디지털 치매라는 이상한 종류의 병에 걸렸는지 걱정을 하고 있는 줄 압니다. 그들에게 그것은 그저 미래형 인간을 향한 진보라고 편하게 생각하라고 말해주고 싶습니다.

인간의 기술 의존성을 경계한다

서이종

서울대학 사회학과 교수

서울대학교 사회학과에서 석사학위를 받고, 독일 베를린자유 대학교에서 박사학위를 받았다.
현재 서울대학교 사회학과 교수로 재직 중이다. 정보사회학과 과학기술사회학 등에
관심을 가지고 있다. 지은 책으로는 「과학사회논쟁과 한국사회」 「인터넷 커뮤니티와 한국사회」
「지식정보사회의 이론과 실제」 등이 있고, 논문으로 「유비쿼터스 사회로의 변화와
사회이론적 과제」 「과학정치적 시각에서 본 황우석 사태」 등이 있다.

기술-인간의 촘촘한 상호의존성은 그러한 디지털 기기
없이는 일상생활 자체가 불가능할 정도로 기억(저장)할 수
없다는 점을 넘어섭니다. 디지털 기기 없이는 자신의 생각과
의사를 소통(전달)할 수도 없고 글을 쓸 수도, 어떠한 작업도
할 수도 없는 상태로 나아갑니다. 문제가 아니라 할 수
없습니다.

현대 과학기술은 인간과 기술의 더욱 촘촘한 연결과 상호융합 및 통합을 그 특징으로 합니다. 휴먼인터페이스 기술의 발달로 기술은 더욱 긴밀하게 인간과 상호작용을 하며 그러한 기술과 인간의 상호작용을 통해서 체계화됩니다. 기술은 인간 행동을 보다 자연스럽게 견인하고 유도하며 또 인간행동에 반응해 재반응하도록 진화되며 그러한 상호작용을 더욱 체계적으로 해내기 위해 기술-인간 체계로 거듭납니다.

하지만 주목해야 할 점은 이러한 기술-인간 체계는 프리트조프 카프라Fritjof Capra 등의 주장처럼 기술의 진화뿐만 아니라 인간의 진화를 전제한다는 것입니다. 인간-기술체계는 인간의 (단위)행동뿐만 아니라 인간의 인식이나 사고 자체에도 체계적으로 영향을 미칩니다. 고도의 기술체계 작동은 그에 상응하는 인간의 반응능력 혹은 행위능력을 요구하며 그러한 행위능력을 지속화할 수 있는 특정한 사고방식 혹은 아비투스(특정한 사회적 환경과 상황에 의해 인간에게 내면화된 성향이나 행위)를 요구하기 때문입니다.

디지털 치매 현상은 디지털 기술의 발달로 인해 변화하는 인간의 모습을 잘 나타내고 있습니다. 휴대전화와 컴퓨터, PDA 같은 디지털 기기의 발달로 현대인들은 더욱더 자신의 많은 정보를 일상적으로 디지털 기기에 의존해 생활하며, 그 결과 가장 기본적인 자신의 삶의 정보조차 스스로 기억할 수 없는 상태에 이르고 있기 때문입니다.

디지털 기기들은 기술적으로 '인간 뇌 용량'(사고능력)을 보조하고

정보기술, 로봇기술, 유전공학, 생명공학, 나노기술 등의 발달은 인류에게 과연 장밋빛 미래만을 안겨줄까.

확장시킨 발명품이지만 그 이면에는 그러한 디지털 기기에 의존되어 인간 자신의 '두뇌'(사고) 능력이 현저하게 쇠퇴하는 그늘진 우리 삶의 모습이 숨어 있습니다. 기술–인간의 촘촘한 상호의존성은 그러한 디지털 기기 없이는 일상생활 자체가 불가능할 정도로 기억(저장)할 수 없다는 점을 넘어섭니다. 디지털 기기 없이는 자신의 생각과 의사를 소통(전달)할 수도 없고 글을 쓸 수도, 어떠한 작업도 할 수도 없는 상태로 나아갑니다. 문제가 아니라 할 수 없습니다.

물론 카프라 등의 뉴에이지(New Age) 운동이나 사이언톨로지(scientology) 종교운동 등 기술주의자들은 인간이 그러한 디지털 기술에 정보의 단순한 기억(저장)이나 전달, 가공을 맡기고, 보다 창조적인 작업에 두뇌를 사용하고 창의적 사고능력을 개발하는 데 힘쓸 것으로 예측하고 있습니다. 하지만 창조적인 작업이 필요한 곳에서조차 축적된 정보나 지식의 현장감 있는 이해, 그러한 정보와 지식의 활용 없이는 창조적인 작업이나 창의적인 사고능력 개발에 많은 한계가 있습니다.

또 기술의 고도화에 따른 인간 능력의 고도화는 기술주의의 찬양을 넘어 제3의 인간의 출현을 예고하는 닉 보스트롬Nick Bostrom이나 나타샤 비타모아Natasha Vita-More 등의 트랜스휴먼(transhuman) 운동으로 나아가고 있습니다.

이들 기술주의자들은 첫째, 그러한 기술–인간체계나 기술사회를 유토피아로 보고 있으며, 설령 그러한 체계를 유토피아 사회와 동일시하지 않은 레이 쿠어즈와일_{Ray Kurzweil} 등과 같은 온건한 기술주의자의 경우라도, 달리 어쩔 수 없다는 운명론적 견해를 지니고 있습니다.

확실히 기술 환경에 따라 인간능력이 여러 가지 변화를 띤다는 것은 자명한 일입니다. 또 인간의 탄생에서 죽음에 이르기까지 과학기술의 개입은 훨씬 더 치밀하게 진전되면서 기술화되는 것을 피하기 어려워졌다는 측면이 있습니다. 하지만 고도의 디지털시대에 사회적, 인간적으로 아날로그가 더 각광을 받을 수 있고 고도로 발달된 과학기술사회에 자연을 벗 삼는 친환경적인 삶이 못지않게 주목을 받을 수도 있습니다.

기술주의자들은 기술 환경의 진화에 따른 인간의 진화가 단선적으로 이루어진다고 전제하지만, 실제 미래는 훨씬 복선적, 중첩적으로 이루어질 가능성을 배제할 수 없습니다. 그렇기 때문에 휴먼인터페이스 의존 현상을 비판적으로 사고하고, 그 이면의 일면적 기술낙관주의를 경계할 필요가 있습니다. 기술 의존적, 기술 추수적으로는 담보될 수 없는 그러한 인간의 자유와 선택 그리고 성찰적 사고능력은 고도의 기술사회의 많은 사회적 문제점을 새롭게 성찰하는 데, 그리고 더 인간다운 삶을 만들어가는 데 중요한 원동력이 될 것입니다.

기술주의자의 주장처럼, 미래 사회에 기술은 정보기술뿐만 아니라 로봇기술, 유전공학이나 생명공학기술, 나노기술 등의 발달로 고도화되어 더욱 치밀하게 인간 속으로 들어와 인간능력을 강화시키며 더 나아가 인간 자체로 스며들어 '사이보그'나 '복제인간' 처럼 인간 자체로 현현될 것입니다. 바로 이러한 기술문명의 시대적 흐름에 대한 예감 속에서, 지금의 디지털 치매 현상은 미래 기술사회에서 인간의 모습과 삶의 일단을 보여줍니다. 이럴수록 미래 기술사회의 인간 삶에 대한 비판적인 성찰이 요구됩니다. 미래는 자연스러운 흐름에 대한 우리의 개입을 통해 구성될 것이니 말입니다.

새로운 인간진화의 신호탄인가, 디스토피아의 징후인가

영화 〈로보캅〉을 기억할 것이다. 과연 우리도 두뇌 일부를 제외하고 신체 거의 모든 부위를 기계로 대체한 로보캅과 같은 존재로 진화할까. 기계인간이 영화 속 이야기가 아니라, 현실이 되고 있다는 징후가 디지털 치매라는 이름으로 여기저기서 보이고 있다.

휴대폰, PDA, 컴퓨터, 네비게이션 등이 어느 날 사라진다면 어떤 일이 일어날까. 우리는 지인들의 연락처나 스케줄도 제대로 기억하지 못하고, 간단한 수식 계산이나 길 찾기에도 서툰 자신을 발견할 것이다. MP3로 인한 청력 감퇴나 모니터로 인한 시력 감소 혹은 자동차 등 운송 기관에 의한 신체 능력의 퇴보도 무시할 수 없다. 디지털 치매로 지

칭되는 이 현상을 두고 그간 언론에서는 단지 일시적인 기억력·계산력 감퇴와 같다는 식으로 대수롭지 않게 지적해왔다. 그러나 기술 사회에서 인간의 미래를 가늠할 중요한 징후라고 보는 입장도 만만치 않다.

우선 몇몇 기술철학자들과 기술자율주의를 신뢰하는 학자들은 디지털 치매 현상이라는 말 자체가 근거 없는 테크노포비즘을 내포하고 있다고 지적한다. 이들은 인간이 기술에 의존하는 과정에서 일정부분 능력들이 감퇴돼 온 것은 인정한다. 그러나 동시에 보다 창조적으로 능력을 발휘할 여지를 만들어왔다고 지적하면서, 기술 의존 심화 현상은 인간 진화의 자연스런 양상이라고 본다.

그 근거는 다음과 같은 것들이 있다. 우선 이들은 기술로 인한 인간 능력의 부분적 약화는 예전부터 있었던 현상이며, 그 과정에서 보다 고차원적인 능력을 발전시켜왔다는 점을 강조한다. 예를 들어 손을 이용한 도구의 사용이나 문자나 인쇄술의 발명은 각각 손의 능력이나 기억력을 감소시킨 측면이 있다. 그러나 손이 도구를 사용하면서 입을 통한 언어 구사 능력이 향상된 측면이라든지, 기억의 압박에서 해방되어 새로운 지식 생산을 촉진시킨 점은 분명 인간 진화의 양상이라고 볼 수 있다는 것이다.

다음으로 이들은 특히 현대의 정보과학을 중심으로 한 휴먼인터페이스의 발전은 방대한 정보 처리와 효율적 업무 처리를 위해 필수적이라는 점에 공감한다. 휴먼인터페이스를 비롯해 기술을 더욱 진보시켜 인간의 진화와 문명의 진전에 기여하게 하는 것이 중요하며, 변화를 두려워하지 말아야 한다고 주장한다. 닉 보스트롬, 나타샤 비타모아 등은 인간 진화의 새로운 국면을 전망했다. 주로 정보과학자 및 로봇공학자들이 휴먼인터페이스와 기술의 미래를 낙관적으로 관측하고 있다.

한편 기술의 자율성에 대해 비판적인 사회학자들과 전통 인문학의 관점을 지닌 학자들은 디지털 치매 현상을 암울한 기술 디스토피아의 징후로 판단한다. 이들은 기술 의존의 심화 속에서 인간이 기억력과 계산력, 기본적인 운동 능력 등을 상실하게 된다면, 어떤 창조적이고 진일보한 능력들의 발휘도 불가능하다는 점을 강조한다. 왜냐하면 새로운 지식 창조력과 방대한 기술에 대한 통제력은 기초적인 지적 능력과 신체 능력이 토대로 깔릴 때 발휘가 가능한 것이기 때문이다.

그리고 이들은 휴먼인터페이스를 통해 인간의 창의력이 얼마나 진전될 것인지에 대해서도 의문을 품는다. 즉 기억력이나 계산력의 감소에 비례해서 창조성이나 보다 종합적인 기술 통제·관리 능력이 발달할 것이라고 여길 이유가 없다는 것이다. 그리고 인간 삶의 풍요로움은 기술적 효율성만으로 담보할 수 없다고 강조한다. 과도한 기술 의존은 몇몇 SF 영화에서 보여주는 것처럼, 기술에 대한 인간의 통제력을 상실해, 반인간적인 기술 문명을 낳는 것으로 이어질 수도 있다는 점 역시 지적된다. 현상학 및 실존주의 계열의 철학자들과 사회구성주의적 입장의 사회학자들이 주로 비판적인 입장을 보인다. 특히 하이데거는 기술 문명의 위험성을 여러 번 경고한 적이 있다.

디지털 치매 현상은 기술 사회에서 인간 존재 양식의 변화를 전망하게 해주는 중요한 주제이다. 그러나 아직 구체적이고 실증적인 연구는 이루어졌다고 할 수 없다. 향후 정신의학, 철학, 사회학, 인간공학 등 다양한 측면에서의 연구가 요구된다.

오주훈 교수신문 기자

"중요한 것은 인간보다 우수한 인공지능이 나올 가능성이 있느냐, 없느냐가 아니라 그러한 지능을 인간이 주도적으로 이용할 줄 알아야 한다는 겁니다."

필립 케네디, 〈사이언스타임즈〉(2008. 5. 26) 중에서

심귀보

중앙대 전자전기공학부 교수

중앙대학교를 졸업하고, 일본 도쿄 대학교에서 로봇공학으로 박사학위를 받았다.
현재 중앙대학교 전자전기공학부 교수로 재직 중이다. 지능시스템, 지능형로봇,
로봇의 감정인식 및 표현 등에 관심을 가지고 있다. 저서로는 「제어시스템과 MATLAB」
「인공생명의 방법론」「지능정보시스템론」 등이 있고, 논문으로는 「Schema
Co-Evolutionary Algorithm(SCEA)」「다중 센서 융합 알고리즘을 이용한
운전자의 감정 및 주의력 인식 기술 개발」 등이 있다.

정말 인공지능이 사람과 같은 감성적 행동을 취하고
사람과 능동적인 의사소통을 할 수 있는 수준까지
도달할 수 있을까요. 현재까지 감성에 대한 연구는
사람의 생체적 반응을 통해 측정되는 정량적 지표를
기반으로 단편적인 감정을 인식하거나 표현하는
방향으로 연구가 진행돼왔습니다.

시대적 요구사항은 로봇이 인공지능으로서 인간과 유사한 형태의 이성적, 감성적 능력을 보유할 필요가 있다는 점을 강조하고 있습니다. 공학적인 관점에서 볼 때, 이를 실제로 구현하는 것이 불가능하지만은 않습니다. 현재 다양한 관점에서 다양한 방법을 동원해 로봇에게 인간의 이성과 감성을 불어넣으려는 시도가 이루어지고 있습니다.

우선 에이전트 기술에 대해 알아보겠습니다. 이는 소프트웨어 로봇이라고도 불리며 주어진 환경 내에서 자율적으로 위임자, 즉 인간을 대신해 능동적으로 임무를 수행하는 지능형 프로그램입니다.

이상적인 에이전트가 갖추어야 할 기능은 다음과 같습니다. 임무수행을 위해 가상공간을 자율적으로 이동하는 이동기능, 사용자의 명령 이외에도 주어지는 상황으로부터 습득한 경험을 토대로 스스로의 성능을 개선하고 적응하는 학습기능, 주어진 임무를 효율적으로 수행하기 위한 계획기능, 분산된 멀티에이전트 간의 협조 행동을 통해 효율적으로 임무를 수행하는 협력기능 등이 있습니다.

이러한 기능은 완벽한 인간의 이성적인 판단을 대신해 에이전트 스스로 능동적인 판단이 가능하며, 인공지능의 수준이 인간과 유사한 정도까지 발전할 수 있다는 가능성에 대한 확실한 증거입니다.

두 번째로 기계학습(Machine Learning)이 있습니다. 인간은 학습을 통해 지적능력의 확대가 가능합니다. 학습능력은 다른 개체와 인간을 구분하는 중요한 요소이자, 변화하는 환경에 대한 적응능력이라 할 수 있습니다. 이러한 학습개념이 인공지능에 적용될 경우는 하나의 문제를 수행한 후에, 그 추론과정에서 얻은 경험을 바탕으로 시스템의 지식을 수정하고 보완해, 다음에 그 문제나 또는 비슷한 문제를 접할 때 처음보다 더 효율적이고 효과적으로 문제를 해결할 수 있는 적응성이라고 정의할 수 있습니다. 이러한 학습과정이 가능한 배경이 되는 것이 바로 기계학습입니다. 대표적인 기계학습으로 생물의 신경조직에서 착안, 모델링한 인공신경망(Artificial Neural Network), 엄청난 데이터에서 일반적인 규칙을 발견하는 데이터마이닝(Data Mining), 의사결정트리(Decision Tree), 자연계에 있어서 생물의 유전과 진화의 메커니즘을 공학적으로 모델화한 최적화 기법인 유전알고리즘 등 다양한 알고리즘이 존재합니다.

세 번째로 적응 및 진화기술이 있습니다. 적응진화기술의 대표적인 사례들로 소프트컴퓨팅, 공진화 학습 등이 있습니다. 앞서 언급된 인공신경망, 퍼지, 유전알고리즘 등 지능형 알고리즘 간의 융합을 통해 상호단점을 보완한 기술인 소프트 컴퓨팅은 보다 나은 성능의 시스템을 제공하기 위한 진화기법입니다.

공진화 학습의 경우 기존의 진화연산 알고리즘과 다르게 목표가 동적으로 변화하는 환경에서 목표에 대한 정의가 완전히 외부에서만 정의되는 것이 아닌 시스템 내부에서 발생하는 특징을 지닙니다. 이는 기본이 되는 틀만을 제공하고 나머지는 임무를 수행하는 과정에서 필요

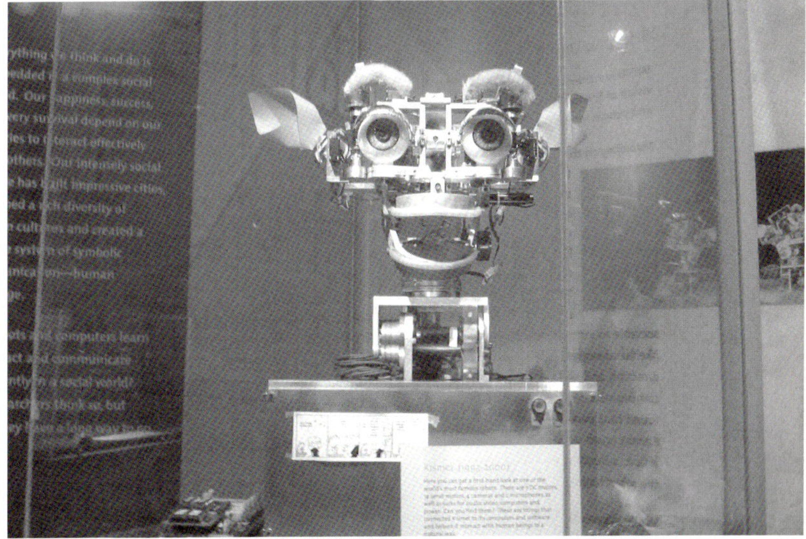

현대기술은 로봇에게 인간의 이성과 감성을 불어넣어 인간과 구별할 수 없는 인공지능 개발을 시도하고 있다.
대표적인 인공지능 로봇 아시모 Asimo(위)와 키스밋 Kismet(아래).

로 하는 능력을 환경과의 상호작용을 통해 자발적으로 습득하게 됩니다. 이러한 상호작용 기능의 대표적인 사례가 바로 감성의 활용이라고 할 수 있습니다.

그런데 정말 인공지능이 사람과 같은 감성적 행동을 취하고 사람과 능동적인 의사소통을 할 수 있는 수준까지 도달할 수 있을까요. 현재까지 감성에 대한 연구는 사람의 생체적 반응을 통해 측정되는 정량적 지표를 기반으로 단편적인 감정을 인식하거나 표현하는 방향으로 연구가 진행되어왔습니다.

하지만 사람의 표현에 대한 반응을 유도하는 방식이기 때문에 수동적이며 스스로 생각해 반응하는 것보다는 넓은 의미에서 단순히 '무의식중의 명령에 의한 행동수행의 과정'이라고 볼 수 있을 만큼 인공지능으로서의 기능이 제한적입니다. 즉, 인간과 인공지능과의 커뮤니케이션은 공학적인 접근을 통해 해결할 수 없는 많은 문제가 있으며, 대표적으로 복합적인 인간의 감정 정보를 정량화된 수치로 표현할 수 있는 수단이 아직 개발되지 않았다는 것입니다.

인공지능이 스스로 감성에 대해 생각하고 추론하고 임의의 상황에 적절히 대응하기 위해서는 로봇이 각 상황을 인식하고 그에 따라 적절한 행동을 취할 수 있는 하드웨어, 소프트웨어적 기반기술의 개발이 필요합니다. 사람의 오감과 유사한 형태의 센서를 통해 감성, 상황 정보 등의 정보를 수집하고 이를 가공, 처리해 주어진 환경에서 적절한 감정과 반응을 추론, 결정할 수 있도록 해야 한다는 것입니다.

대표적인 감성에 대한 연구로는 MIT의 Kismet, Leonardo, 와세다 대의 WE-4RII, 지능시스템의 Paro, NEC의 PaPeRo 등을 들 수 있습니다. 많은 연구자들은 앞서 설명한 바와 같이 인간이 어떻게 상황에 반응하고 감정을 느끼는가를 관찰해 모델링하고 이를 인공지능에 적용하도록 하는 연구를 진행했고, 또 현재 진행하고 있습니다.

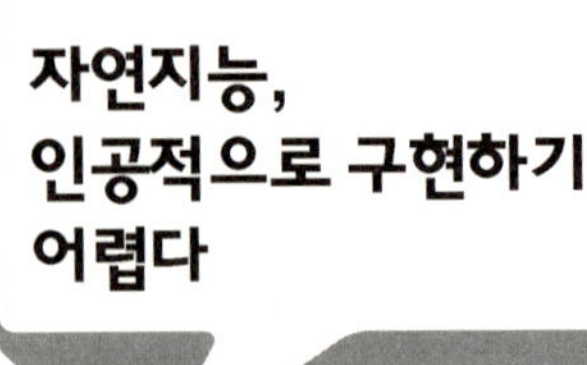

이영의

강원대 인문과학연구소 HK조교수

고려대학교 철학과를 졸업하고, 미국 뉴욕 주립대학교 철학과에서 박사학위를 받았다.
현재 강원대학교 인문과학연구소에서 HK조교수로 재직 중이다. 인지과학철학, 베이즈주의,
확률인과론, 인문치료 등에 관심을 가지고 있다. 지은 책으로 『귀납논리와 과학철학』(공저)이 있고,
옮긴 책으로는 『과학적 추론의 이해』가 있다. 논문으로는 「체화된 마음과 마음의 병」「분산된
인지와 마음」, 「심슨역설과 인과」「베이즈의 베이즈주의」, 「인과가 확률로 환원가능한가?」
등이 있다.

신경과학의 연구 결과에 따르면 인간의 정서는 뇌의
변연계에서 촉발돼 전두엽에서 실행된다고 합니다.
인간의 정서 체계는 수많은 시간 동안 축적된 진화의
산물입니다. 어떠한 인공지능 기법을 이용해 물리적으로
전혀 다른 요소에서 그러한 진화과정을 모의할 수
있을까요.

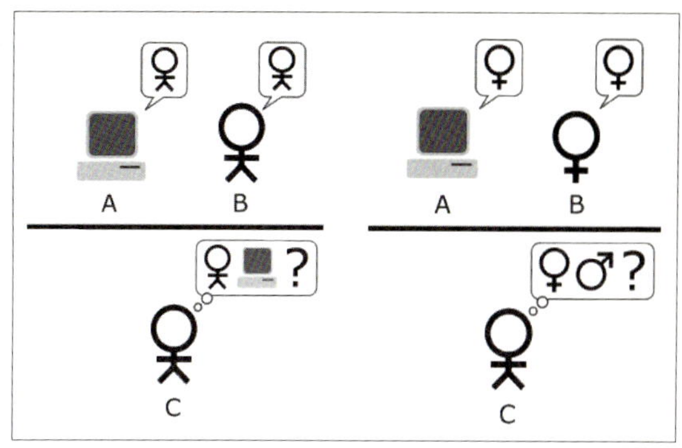

수학자 튜링Alan Turing은 자신이 제시한 검사를 통과한 기계가 있다면 그것은 지능을 갖고 있다고 보아야 한다고 제안했습니다. 즉 만약 어떤 기계가 인간으로 오인될 만큼 지능적으로 행동한다면, 그 기계는 인간처럼 지능적이라는 것입니다.

튜링이 제시한 지능에 대한 조작적 정의의 적절성에 대해 인공지능 분야에서도 엇갈린 평가가 나오고 있지만, 적어도 인공지능의 대표적인 목표 중 하나는 튜링검사를 통과할 수 있는 기계를 제작하는 것이었습니다.

1956년 다트머스 학술대회에서 '인공지능'이라는 학술용어가 처음으로 등장하고 그것을 구현하려는 목표는 시간이 흐르면 충분히 달성될 수 있다고 선언됐습니다. 그리고 엘리자Eliza와 같은 몇 가지 인공지능 프로그램들은 튜링검사를 통과할 수 있는 유력한 후보로 거론되고 있습니다.

그러나 많은 철학자들은 인공지능 연구가 제시한 프로그램들이 실제로 지능을 갖고 있다고 보지 않습니다. 인공지능의 대부라고 불리는 뉴웰Alan Newell과 사이먼Herbert Simon의 가설에 따르면, 인간의 사고는 일종의 기호조작 과정이고 기계 또한 기호조작을 할 수 있습니다. 그러나 인간의 사고를 단순히 규칙을 준수하는 기호조작 과정으로 보는 것은 지나치게 단순한 견해입니다.

철학자 드라이퍼스Hubert Dreyfus는 인간의 지능과 전문성은 일차적으로 의식적인 기호조작이 아니라 무의식적인 본능에 의존하며 그러한 본능은 형식적 규칙에서는 포착될 수 없다고 주장합니다. 다른 한편 철학자 썰John Searle은 유명한 중국어방 논변(Chinese room argument)을 통해 설사 어떤 프로그램이 튜링검사를 통과할 수 있다고 하더라도, 그것은 자연언어를 이해할 수 없을 것이라고 주장했습니다. 드라이퍼스와 썰이 공통적으로 지적하는 것은, 컴퓨터 프로그램은 그것이 아무리 정교하게 구성됐다고 하더라도 인간의 자연지능을 구현할 수는 없다는 것입니다.

물론 인공지능을 지지하는 연구자들은 그러한 비판들이 인공지능의 가능성을 전적으로 부정하지 못한다고 대답할 수 있습니다. 예를 들어 그들은 기존의 기호주의적 접근이 아니라 인간의 뇌를 본뜬 인공신경망 접근이나 감각기관을 갖춘 로봇 연구를 통해 철학자들이 제기한 문제점을 극복할 수 있는 인공지능이 달성될 수 있다고 대답할 것입니다. 이러한 새로운 접근들이 기호조작에 치중하는 전통적 접근에 비해 패턴인식과 같은 장점들을 갖는 것은 분명하지만 철학자들이 제기한 문제들을 극복할 가능성은 매우 희박합니다.

썰은 중국어방 논변에서 인간의 사고는 '무엇에 대한 것'이지만 컴퓨터 프로그램은 그렇지 못하다는 점을 지적했습니다. 컴퓨터 프로그램에 렌즈를 달고 카메라를 장착함으로써 그것의 기호가 무엇에 대한 것이라는 점을 보일 수는 있겠지만, 그 무엇의 내용은 분명히 인간의 내용과는 다를 것입니다. 과연 컴퓨터는 '말(馬)'이나 '꿀'이라는 단어에 대해 인간이 느낀 것처럼 동일한 느낌을 경험할까요.

이제 인공지능 컴퓨터가 마음을 가질 수 있는지를 생각해보겠습니다. 이와 관련해 앞서 말한 썰은 인공지능을 두 가지로 구분했습니다. 우선 약한 인공지능은 인공지능을 구현한 컴퓨터가 인간의 마음을 연구하는 데 있어서 매우 효율적인 수단을 제공한다고 보는 입장입니다. 약한 의미의 인공지능은 '컴퓨터가 마음을 갖는다'와 같은 존재론적 주장을 하지 않고 단지 '컴퓨터는 마음을 연구하는 데 유용한 도구이다'와 같은 방법론적 측면만을 강조합니다.

반면에 강한 인공지능은 인공지능을 구현한 컴퓨터가 인간의 심성 상태를 구현한다는 의미에서 문자 그대로 마음을 갖는다고 주장합니다. 만약 그것이 사실이라면 철학자들이 굳이 인공지능을 비판할 필요는 없을 것입니다. 왜냐하면 인간의 마음과 그 작용을 연구하는 데 있어서 컴퓨터만큼 효율적인 도구는 없기 때문입니다.

인공지능 기계가 인간을 능가하게 될까.

1997년 슈퍼컴퓨터 '딥 블루'는 당시

13년 이상 체스 게임에서 챔피언 자리를 유지하던

러시아의 카스파로프(Gary Kasparov)와의

대결에서 이겨 세계를 놀라게 했다.

약한 인공지능은 인간의 마음을 모의하는 것이지 실제로 마음을 갖고 있지 않기 때문에, 대부분의 인공지능 연구자들이 약한 인공지능을 실현하는 것을 목표로 한다면 그들이 연구하는 지능은 인간의 자연지능과는 무관한 문자 그대로의 '인공지능' 일 것입니다.

신경과학의 연구 결과에 따르면 인간의 정서는 뇌의 변연계에서 촉발돼 전두엽에서 실행된다고 합니다. 인간의 정서 체계는 수많은 시간 동안 축적된 진화의 산물입니다. 어떠한 인공지능 기법을 이용해 물리적으로 전혀 다른 요소에서 그러한 진화 과정을 모의할 수 있을까요.

혹자는 인공지능에 대한 이러한 비판적 시각을 '인간종주의' 또는 '단백질주의' 라고 지적할 것입니다. 물론 그렇게 생각할 수도 있지만 여기서 제가 말씀드리고자 하는 것은 인간의 지능이나 정서는 유기체로서의 인간이 수많은 진화과정을 통해 환경이 제공하는 복잡성을 극복하는 과정에서 나타난 진화의 산물이라는 것입니다.

인간처럼 생각하는 로봇이 출현한다면

SF 영화의 고전인 〈블레이드 러너〉를 보면 인간이 만든 인공지능 존재 인 리플리컨트 중 한 명이 자신을 만든 과학자에게 찾아가는 장면이 있 다. 리플리컨트는 그 과학자 앞에서 다음과 같이 말한다. "I think therefore I am." 인간의 고유한 특권이 이성에 있다는 저 데카르트의 언명을 인공지능을 지닌 (곧 인간이 아닌) 존재가 말할 때, 우리는 더 이 상 특권적 존재가 아니라는 점을 인정해야 할까.

〈블레이드 러너〉, 〈터미네이터〉, 〈아이 로봇〉, 〈A. I.〉 등 숱한 공상 과학 영화는 인간의 지능은 물론이고, 감성까지 모방한 인공지능적 존 재를 그려왔다. 개중에는 인간보다 더 인간적인 로봇도 있다. 과연 이 런 상상은 현실성이 있는 것일까. 현대적 의미에서 인공지능의 개념적 기원은 천재 수학자 튜링에서 찾을 수 있다. 튜링은 지능에 대한 수학 적이고 조작적 정의를 내리면서, 그 규정을 구현한 검사를 통과하는 기 계는 인간만큼의 지능을 지니고 있을 것이라고 봤다.

한편 뉴웰과 사이먼은 인간의 사고를 기호조작의 과정으로 파악했 다. 이 경우 컴퓨터 인공지능이 인간의 지능에 도달하는 것은 불가능한 일이 아니게 된다. 그러나 이런 관점은 지능을 너무 협소한 의미로 바 라보고 있다는 비판을 받아왔다. 그래서 최근에는 보다 다양한 관점에 서 인공지능 구현에 접근하고자 하는 시도가 있다.

그 중 가장 대표적인 두 가지는 자기학습과 감성능력이다. 스스로 지 식을 생산하고, 그 지식과 경험을 통해 다시 새로운 지식을 만들어내는

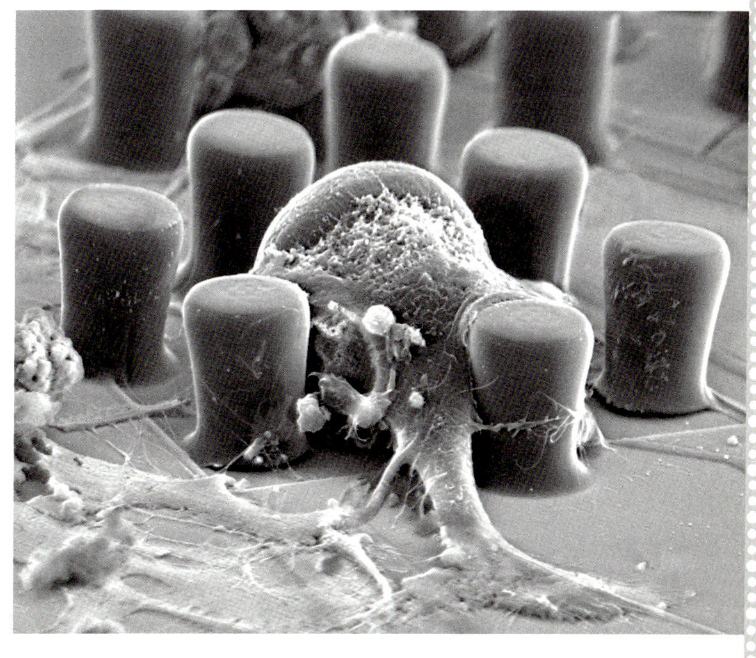

전자 칩 위의 뉴런. 일부 과학자들은 인간의 뇌에 컴퓨터 칩을 넣어
인간과 컴퓨터를 연결하려고 시도하고 있다.

학습 과정은 인간의 명령에만 의존하지 않는 인공지능의 필수 기능으로 지목된다. 아울러 주변 환경과 상호작용을 가능하게 하는 감성능력도 진지하게 고려되고 있다. 감성능력이 확보된 인공지능은 보다 능동적이고 실질적인 의사소통을 인간과 행할 수 있기 때문이다.

물론 인간과 비슷한 수준의 지능과 감성을 지닌 존재를 구현하는 일은 쉽지가 않다. 이를 해결하기 위해 공학자들은 실제 생물의 신경망을 모방해 인공신경망을 구상하기도 하고, 자연계의 진화 기제를 모방한 유전 알고리즘을 개발하기도 했으며, 심지어 자발적으로 학습 목표를 변화시키는 과정도 구현하고자 한다. 분명 지금의 기술 수준은 큰 눈길을 끌지 않지만, 비약적인 발전의 맹아를 내포하고 있다는 점에서 결코 무시할 수 없다.

그러나 철학자들은 인간 수준의 인공지능이 과연 가능할 것인지에 대해서 의구심을 품는다. 썰은 중국어방 논변을 통해 인공지능에 대한 낙관적인 관점을 비판한다. 이 논변은 간단히 말해 컴퓨터가 수행하는 기능적인 조작과 인간의 지능이 수행하는 이해는 전혀 다른 차원이라는 것이다.

예를 들어 미리 프로그래밍이 된 인공지능에게 '너는 지금 어디 있느냐'고 물을 때, 그 인공지능이 '나는 지금 방에 있다'라고 말하는 것과 인간이 동일하게 답을 했을 때, 둘의 답은 외적으론 같지만, 결코 동일한 의미론적 본성을 지닌다고 볼 수는 없다는 것이다. 곧 인공지

능에 비판적인 철학자들의 눈으로 볼 때, 인공지능은 제 아무리 발전해도, 인간의 마음만이 포착할 수 있는 의미와 관념들을 가질 수 없다는 것이다.

게다가 수많은 시냅스로 구성된 인간 뇌의 비밀도 해명하지 못했고, 설령 해명한다고 한들 그 복잡한 조직을 인공적으로 만들어낼 능력도 없지 않느냐는 비판도 있다. 철학자들의 비판은 여러모로 타당해 보이고, 인공지능에 대해 낙관적이기에는 기술 수준이 아직은 미약한 듯하다. 그러나 미래 어느 날, 실험 후 폐기했던 한 인공지능 로봇이 자의식을 형성해, 섭섭한 마음을 갖고 우리를 찾아오지 말라는 법은 없지 않을까.

오주훈 교수신문 기자

> "균형 잡힌 관점은 분과들을 쪼개서 하나하나
> 공부한다고 얻을 수 있는 것이 아니다.
> 오직 분과들 간의 통섭을 추구할 때만 가능하다.
> 그런 통합은 쉽게 성취되지 않을 것이다.
> 하지만 그렇게 할 수밖에 없지 않은가!"

에드워드 윌슨, 「통섭 : 지식의 대통합」 중에서

도덕이 '생물학'에서 추론될 수 있을까

나정민

동국대 철학과 연구원

고려대학교 간호학과 졸업, 동국대학교 철학과에서 석사학위를 받고, 독일 트리어 대학교
철학과에서 박사학위를 받았다. 현재 동국대학교 철학과 연구원으로 재직 중이다.
물리철학, 자연철학에 관심을 가지고 있다. 논문으로 「카오스이론에서의 예측가능성」
「양적자연관에서 질적 자연관으로의 이행」 등이 있다.

생물학주의자들의 주장처럼 생물학적으로 보면,
인간도 다른 모든 생물들과 동일한 수준의 존재입니다.
인간도 가장 보편적인 생물학적 조건을 피할 수는
없습니다. 그러나 다른 한편으로, 인간은 생물학적
조건을 넘어서서 형이상학적 사고를 할 수 있는
존재이기도 합니다.

생물학주의자들에 따르면 인간 존재뿐만이 아니라 인간 문화나 도덕도 생물학적 근거에 부합하는 방향으로 나아가야만 한다고 합니다. 그런데 현대 사회의 문화적 환경은 이런 생물학적 근거와 유리돼 있기 때문에 '정신적 공백'이나 '정신분열증'이 나타나고 있으며, 그렇기 때문에 앞으로 인류의 생존 여부는 인간의 도덕이나 사회적 특성이 생물학적 목표에 부합되느냐에 달려 있다고 합니다.

역사적으로 다양한 문화가 있어왔지만, 인간의 문화는, 그것이 '과거문화'이든 아니면 '현대문화'이든, 전반적으로 개체수의 증가에 기여한다는 점에서 '현대문화'도 생물학적으로 무척이나 적응적임에 틀림없습니다.

그런데 이렇게 생물학적으로 성공한 현대문화를 생물학주의자들은 '이기성'이나 '정신적 공백'이라고 규정하며 '反생물학적'이라 비판하고 있습니다. 이들은 성공적인 '번식'의 전통을 이어나가고 있는 현대문화를 왜 '反생물학적'이라고 주장할까요.

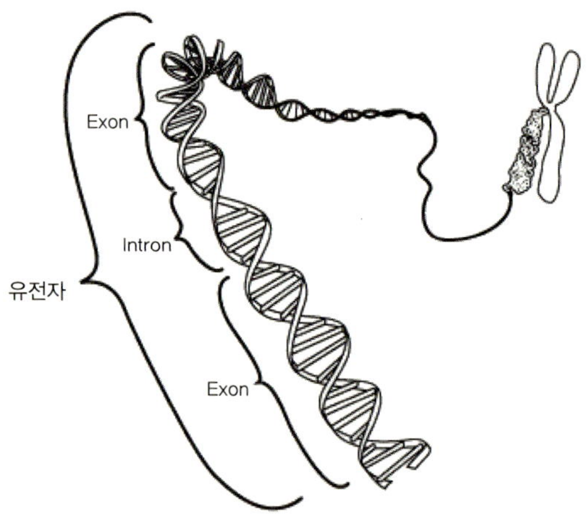

사회생물학은 곧잘 유전자결정론으로 이해되기도 하는데,

그 이유는 이타적 행동 등 유전자의 관점에서 인간과 동물의 행동을 설명하기 때문이다.

이들의 주장에 대한 생물학적 근거는 두 가지로 압축될 수 있습니다. 첫 번째로 이들이 주장하는 현대문화의 특징들인 '이기성', '정신적 공백' 등은 '개체수의 감소'를 가져올 수도 있기 때문이며, 두 번째로는 현대문화 속에서 우리는 정신적 불행감을 느끼기 때문일 것입니다. 그렇다면 이제 이 두 가지 근거의 정당성을 살펴봅시다.

첫 번째 근거는 역설적이게도 현대문화는 지극히 '생물학적으로 적응적인' 문화라는 주장을 지지하는 근거로도 작용할 수 있습니다. 현재 인류가 직면한 문제들 중 많은 부분이 '인구과잉'으로 야기되고 있음은 주지의 사실입니다. 그런데 만약 현대문화의 특징들인 '이기성', '정신적 공백'이 인구의 감소를 가져온다면 이는 장기적으로 인간 종의 생존에 유리하게 작용할 수도 있습니다.

어쩌면 우리의 유전자는 인간 개체수가 자신의 생존을 위협하는 상황이 되자 '생물학적 적응'의 방편으로 현대문화에 이런 특성을 '프로그램'시켰는지도 모릅니다. 이렇게 '유전자의 생존'이 '인간의 개체수 감소'보다 생물학적으로 우위라는 사실을 인정한다면, 개체수의 감소를 이끄는 현대사회의 특징은 생물주의자들의 관점에서 보았을 때 '도덕적'입니다.

두 번째 문제인 '정신적 불행감'에 대해 살펴봅시다. 우선 떠오르는 의문은 '유전자의 생존만이 관심사인 생물학으로부터 정신적 불행감이라는 지극히 형이상학적 사념이 어떻게 추론될 수 있는가' 입니다.

그런데 첫 번째 문제에서 살펴보았듯이 정신적으로 불행감을 느끼고, 더 나아가 형이상학적으로 비도덕적인 문화일지라도 그 문화는 유전자의 생존에 더 적응적일 수 있습니다.

그렇다면 생물학주의자들이 더 깊은 관심을 갖고 살펴보아야 할 문제는, 유전자의 생존에 더 적응적인 문화 속에서 우리의 정신이 불행해하는 진화가 어떻게 가능한지를, 즉 인간은 왜 '성스러운 의무'에 직면해 불행감을 느끼게끔 정신적으로 진화되어왔는가 하는 점입니다. 그리고 이런 식의 비판은 '현대문화는 어떻게 유전자의 존재이유와 모순적인 특징들을 가질 수 있는가'라는 생물학주의자들에 대한 가장 일반적인 비판에 대한 답이 먼저 선행되기를 요구합니다.

만약 생물학주의자들이 이 질문에 대한 명쾌한 답을 제시하지 못한다면, 생물학주의자들은 유전자의 생존과 반대되는 현대문화의 특징들이 존재한다는 사실이 인간은 자신을 만든 유전자의 목표를 넘어서는 형이상학적 특성을 가질 수 있음을 보여주는 명확한 경험적 증거임을 인정해야만 할 것입니다.

환원론적 생물학주의를 굳이 고집하지 않는다면, 인간의 생물학적 존재 이유와 현대문화의 특성 사이의 불일치는 당연하게 받아들여질 수 있습니다. 문화나 인간의 정신적 만족이나 도덕과 같은 형이상학적 이념들은 인간을 만든 '유전자의 생존'이라는 생물학으로부터 분석적으로 추론되지 않는 '창발적 특성'이기 때문입니다.

인간의 문화는 유전자의 생존 그 이상을 지향합니다. 이는 인간의 문화가 '유전자의 생존'이라는 관점에서 볼 때, 지나치게 비효율적이라는 사실로부터도 추론할 수 있으며, 더 나아가 인간의 문화가, 현대문화이든 과거문화이든 간에, 유전자의 생존에 기여했다는 사실로부터 단지 유전자의 생존만을 목표로 한다는 주장이 도출되지도 않기 때문입니다.

생물학주의자들의 주장처럼 생물학적으로 보면, 인간도 다른 모든 생물들과 동일한 수준의 존재입니다. 인간도 가장 보편적인 생물학적 조건을 피할 수는 없습니다. 그러나 다른 한편으로, 인간은 생물학적 조건을 넘어서서 형이상학적 사고를 할 수 있는 존재이기도 합니다.

내가 유전자로 만들어졌다고 해서 나의 정신적 만족감이라는 창발적 특징이 내 유전자의 존재이유와 일치해야 한다는 주장은 생물학의 범위를 넘어서는 주장이며, 또한 논리적으로도 타당하게 추론되지도 않습니다.

이런 점에서 하워드 케이 Howard L. Kaye가 한 말은 주목할 만합니다. "인간이 생물학적 존재라는 점을 좀 더 강조해야만 한다는 생물학자들의 주장은 의심할 바 없이 옳다. 그러나 새로 획득한 생물학적 지식과 과학적 확실성이라는 매력에도 불구하고 과학자들을 포함해 우리 모두는 인간이 생물학적 존재인 동시에 여전히 문화적이고 도덕적인 존재라는 사실을 인식해야만 한다."

'나쁜 환원주의'와 '좋은 환원주의'

전중환

이화여대 에코과학연구소 연구원

서울대학교 생물학과에서 석사학위를 받고 미국 텍사스 대학교(오스틴) 심리학과에서 박사학위를 받았다. 현재 이화여자대학교 에코과학연구소에서 연구원으로 재직 중이다. 진화심리학, 수리진화모델링 등에 관심을 가지고 있다. 옮긴 책으로 『욕망의 진화』가 있고, 논문으로 「사촌에 대한 이타적 행동」 「나이가 다른 자식들간에 부모 편애의 진화」 등이 있다.

오늘날 동물의 행동에 대한 진화적 연구는 눈부시게 발전을 거듭하고 있습니다. 그리고 진화심리학과 인간행동생태학은 진화된 인간 본성에 대한 새로운 발견들을 쉼 없이 성취하고 있습니다. 사회생물학에 대한 낡은 논쟁을 되풀이하기보다는, 진화된 인간 본성에 대한 통합적 이해를 함께 추구할 시점이 아닌가 합니다.

이 논쟁이 벌써 삼십 년도 더 지난 일이군요. 1975년에 에드워드 윌슨Edward Wilson의 『사회생물학』이 출간되면서 전 세계 지성계가 극심한 사회생물학 논쟁에 빠져들었으니까요. 올빼미 부부의 자식 돌보기처럼, 인간을 포함한 모든 동물의 사회적 행동을 진화적으로 연구하는 학문이 사회생물학입니다.

스티븐 제이 굴드Stephen Jay Gould와 리처드 르원틴Richard Lewontin 같은 비판자들은 사회생물학이 과학적으로 그릇될 뿐만 아니라 대중을 호도하려는 '나쁜 과학'이자 반동 이데올로기라고 공격했지요. 당시 사회생물학에 퍼부어진 비판들이 과연 정당했는지 시간의 도움을 빌려 되짚어보겠습니다.

우선 사회생물학은 극단적인 유전자 결정론이자 환원주의라는 비판입니다. 인간의 모든 행동은 이기적 유전자가 만든 고정불변한 형질이라고 주장함으로써, 자유 의지를 부정하고 현 사회의 불평등을 과학적으로 정당화한다는 거죠.

그런데 어떤 형질이든지 유전자와 환경의 복잡한 상호작용으로 만들어진다는 사실을 부정하는 생물학자는 그 어디에도 없습니다. 얼마나 답답했으면, 『빈 서판』을 쓴 인지과학자 스티븐 핑커Steven Pinker는 극단적인 유전자 결정론자로 매도된 과학자들이 실은 유전자와 환경이 똑같이 중요함을 역설한 사례들을 『빈 서판』 첫머리부터 길게 인용하고 있습니다.

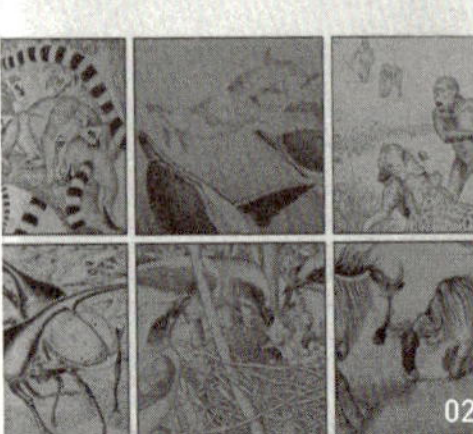

01 사회생물학 논쟁을 촉발시킨 에드워드 윌슨.

02 에드워드 윌슨의 저서 『사회생물학』.

03 스티븐 제이 굴드.

04 리처드 르원틴.

05 스티븐 핑커.

06 리처드 도킨스.

07 리처드 도킨스의 저서 『확장된 표현형』.

그렇다면, 사회생물학자들이 유전자만 중시할 뿐 문화나 양육방식 같은 외부 환경에 의해 행동이 변할 가능성은 무시한다는 오해는 어떻게 생긴 걸까요. 리처드 도킨스Richard Dawkins가 『확장된 표현형』에서 지적했듯이, 비판자들은 수많은 세대에 걸쳐 일어나는 진화를 보는 관점인 유전자 선택론(gene selectionism)과 한 세대 동안 개체가 발달하는 과정을 보는 관점인 유전자 결정론(genetic determinism)을 혼동했습니다.

사회생물학자들은 "암컷으로 하여금 수컷의 긴 꼬리를 선호하게 만드는 유전자…" 같은 식으로 특정한 행동을 '지정하는' 유전자를 임의로 가정하는 경우가 많습니다. 이는 그들이 자연선택에 의한 진화, 즉 대립 유전자들의 차별적 성공을 다루기 때문입니다.

형질 B가 자연선택됐다는 말은 기존의 형질 A를 지정하는 유전자들 사이에 형질 B를 지정하는 유전자가 출현해 개체군 내에 더 잘 전파돼 오늘날에는 B가 득세하고 있다는 뜻입니다. 그러니 공격성이나 사랑, 혐오감 같은 형질들이 과연 자연선택이 만든 적응인지 궁금하다면 당연히 그 형질들의 유전적 토대를 먼저 가정해야지요.

사회생물학이 각 인간의 행동을 오직 생물학으로만 환원시켜 설명한다는 비판은 어떨까요. 어찌된 영문인지 토론 중에 튀어나오는 "그거 환원주의적인데"라는 말은 "그거 유영철보다 더 흉악하고 위험해"라는 말과 동의어로 취급되는 경향이 있습니다. 여의도 의사당에도 나쁜 국회의원과 좋은 국회의원이 있듯이, 환원주의에도 '나쁜 환원주의'와 '좋은 환원주의'가 있습니다.

나쁜 환원주의자는 무슨 현상이든지 그를 구성하는 최소 근본단위로 내려가서 그 수준으로만 설명해야 한다고 봅니다. 물론 '쿼크 입자가 미국의 금융위기에 끼친 영향' 같은 연구를 할 법한 이런 과학자는 실제로 없습니다. 좋은 환원주의자는 어떤 현상을 설명하고자 그 부분들의 특성과 상호작용에 주목합니다. 생물학뿐만 아니라 우리가 아는 모든 자연과학이 이처럼 건전한 환원주의에 바탕을 두고 있습니다. 환원주의가 아닌 과학을 찾기가 거의 불가능할 정도지요.

한편, 사회생물학은 유기체의 모든 특질들이 자연선택에 의해 특정한 기능을 수행하게끔 만들어졌다고 보는 적응만능주의에 빠져 있다고 비판받았습니다.

흥미롭게도, 적응과 부산물을 잘 구별해야 한다는 이러한 경고는 사회생물학의 학문적 토대를 놓은 조지 윌리엄스 George Williams의 1966년 저서 『적응과 자연선택』에서 처음 유래했습니다. 진화생물학자들은 모든 형질이 자연선택의 산물이라고 강변하지 않습니다. 대단히 복잡하고 정교해서 누군가 의도적으로 설계한 것처럼 보이기까지 하는 적응적 형질이 자연선택의 산물이라고 주장할 뿐입니다.

사회생물학자들이 과학이라는 이름으로 현대 자본주의 사회체제를 이념적으로 옹호하려 했다는 비판은 이제 저절로 무너지게 됩니다. 최근 국내에 번역된 『현대 생물학의 사회적 의미』의 저자 하워드 케이조차 동의하듯이, 사회생물학에 가해진 비판들은 "지나치게 가혹하고 감정적"이었으며 "별다른 깊이 있는 분석도 제시하지 못했으며 사회생물학을 사회다윈주의와 나치 인종과학과 한통속으로 묶은 단순한 급진주의를" 드러냈습니다.

사실 윌슨은 현 체제의 옹호와는 거리가 먼, 정치적으로 순진한 과학자였습니다. 정말로 과학을 정치에 끌어들여 마르크스주의 생물학의 필요성을 부르짖은 이는 로즈 Stephen Rose 와 르윈틴이었습니다.

치열했던 논쟁을 뒤로 하고, 오늘날 동물의 행동에 대한 진화적 연구는 눈부시게 발전을 거듭하고 있습니다. 그리고 진화심리학과 인간행동생태학은 진화된 인간 본성에 대한 새로운 발견들을 쉼 없이 성취하고 있습니다. 사회생물학에 대한 낡은 논쟁을 되풀이하기보다는, 진화된 인간 본성에 대한 통합적 이해를 함께 추구할 시점이 아닌가 합니다.

생물학적 환원주의 놓고 '격론'

20세기 초반이 물리학의 시대였다면, 20세기 후반과 현재는 생물학의 시대이다. 분자생물학과 다양한 생명공학 기법의 진전이 가져온 지금까지의 그리고 미래의 결과는 상상을 초월한 것이기 때문이다. 생물학의 득세는 자연히 인문·사회과학적 논의로도 이어졌고, 곧 사회생물학이라는 새로운 분야의 발전을 촉진했다.

여러 가지 세부 스펙트럼이 있긴 하지만 사회생물학은 인간의 행동과 문화를 생물학적 토대 특히 진화론의 논리를 통해 설명하고자 하는 학문이다. 조지 윌리엄스, 에드워드 윌슨, 리처드 도킨스 등이 대표주자다. 사회생물학은 이타주의가 궁극적으로 생존에 유리하기 때문에 출현했고, 윤리 의식도 진화의 과정에서 생겼다는 식으로 설명한다. 또 앨런 밀러Alan Miller 전(前) 워싱턴 대학교 교수는 일부다처제, 범죄, 종교, 남녀 간의 성향 차이, 결혼 등 셀 수 없는 심리적, 문화적 특징을 진화론의 관점에서 해명했다.

오늘날 사회생물학, 진화심리학 등에 대한 사람들의 관심은 폭발적이다. 하루가 멀다하고 각종 사이트, 블로그, TV, 신문 등에서는 진화심리학이나 사회생물학의 관점에서 남녀의 행동 등을 설명하고, 사람들은 감탄을 표명하는 경우가 많다.

사회생물학은 신경과학과 더불어 인간에 대한 환원주의적, 생물학적 독법을 강화하고 있다. 학계나 문화 전반에 대한 영향력도 날이 갈수록 증대하고 있다.

사회생물학은 원숭이, 사자, 새, 유인원, 인간 등 동물의 번식, 협동, 이타적 행동, 위계 질서 등을
유전자의 관점에서 일관적으로 설명하고자 한다.

마우리츠 코르넬리우스 에스헤르의 〈Mosaic II〉(1957)

그런데 일부 학자들은 사회생물학의 득세에 대해서 곱지 않은 시선을 보낸다. 신성한 존재로 여겨졌던 인간을 격하하고, 생물학적 결정론의 논리를 통해 윤리적 자유를 무력화하며, 폭력적 환원주의를 구사한다는 이유에서다.

특히 환원주의에 대한 비판이 거세다. 인간이 유전자를 가지고 있다는 사실이, '자연의 인과적 결정'에 때로는 대립할 수 있는 실천의 자유를 억누를 수는 없기 때문이다. 게다가 인간이 지니고 있는 고도의 정신문화와 관념들을 유전자 프로그램과 진화기작으로 설명하는 것은 무리라는 주장도 펼친다.

사회생물학을 옹호하는 사람들은 이러한 반대에 대해 고루하다는 반응을 보인다. 과거에 다윈의 진화론이 출현할 때 종교계 등에서 보인 반응과 본질적으로 다를 바가 없다는 것이다.

또 사회생물학은 인간에 대한 합리적이고 보다 설득력 있는 설명을 추구하지, 결코 자유의지의 부정이나 무자비한 결정론을 주장하는 것은 아니라고 항변한다.

그런데 문제는 일부 사회생물학자들이 사회생물학에 기초한 윤리까지 주장한다는 점에 있다. 이때 윤리는 유전자의 생물학적 목표에 근거를 둔 것으로, 곧 생존에 유리한 경우에 대한 선호를 말한다. 비판자들은 이것이 생존과 경쟁을 강요하는 자본주의의 논리와 다를 것이 무엇이냐며, 사회생물학의 이데올로기적 함의를 지적한다.

한편 최근에 와서는 사회생물학의 논제를 둘러싼 대립과 불신을 피하자는 목소리가 나오고 있다. 과학적인 관점에서 인간을 바라보는 보다 성숙한 차원을 경험하게 한다는 차원에서 의의는 인정하면서도, 과도한 이데올로기적 해석이나 결정론적 주장은 배격하자는 제안이다.

오주훈 교수신문 기자

"우주의 시계 장치의 태엽을 감고
우주가 시작하는 방법을 선택하는 일은
하느님에게 달려 있을 것입니다.
만일 우주가 자급자족할 수 있다면
창조자에게 무슨 자리가 남아 있을까요."

스티븐 호킹, 「시간의 역사 2」 중에서

황수영

한림대 한림과학원 HK교수

서울대학교를 졸업하고, 프랑스 파리 IV 대학교에서 박사학위를 받았다. 현재 한림대학교
철학과 연구교수로 재직 중이다. 저서로 『물질과 기억, 시간의 지층을 탐험하는 이미지와 기억의
미학』, 『철학과 인문학의 대화 — 철학사적 조망』, 『근현대 프랑스 철학』이 있으며, 논문으로는
「라깡 의미론에서 은유와 이미지」, 「프랑스철학의 주해연구 동향 — 맨 드 비랑을 중심으로」 등이 있다.

시간의 흐름이라는 본성, 불가분적 구조
그리고 불가역성은 주관적인 의식에만 해당되는 것은
아닙니다. 오늘날의 물리학자들이 과연 얼마나 철저하게
데카르트와 뉴턴의 후예들일까요. 우리는 지난 세기들에
발생한 목적론이나 종교적 사유에서 자유로운 만큼
기계론적 인과론에서도 자유롭다고 생각합니다.

물리학은 이른바 객관의 세계에 대한 학문임을 알고 있습니다. 비록 물리학자들이 보이지 않는 소립자의 세계와 상상하기 어려운 시공간적 차원의 거시적 사태에 접근하기 위해 극히 복잡한 수식을 사용하고는 있으나 그 정신은 단순명료함을 지향하고 있으며 그것 이외에 어떤 인간적인 의도도 직접적으로 개입하지 않는다는 것 또한 알고 있습니다. 시간 역시 물리학자들의 오랜 숙고의 대상이었습니다. 그렇다면 시간에 대한 물리학의 표상은 우리의 일상적 사유와 어떤 관련이 있을까요?

4세기 로마로 갑니다. "도대체 시간이란 무엇인가. 만일 아무도 내게 묻지 않는다면 나는 시간이 무엇인지 알고 있다. 하지만 그것이 무엇인지 설명하려고 하면 나는 전혀 알 수 없게 되고 만다." 아우구스티누스가 느낀 이 어려움 앞에서 후대인들은 어떤 생각을 하고 있을까요.

1200년이 지나 갈릴레이, 데카르트, 뉴턴이 활동하던 서양의 근대로 가보겠습니다. 이 계몽의 새벽에 인간은 오로지 수학만이 지배하는 객관적 물질계가 확립되는 것을 목격합니다. 이미 인간은 거대문명의 발달 이래로 공간을 재단하는 여러 가지 방식을 가지고 있으며 고대 유클리드 기하학은 그 정수에 있습니다.

그러나 근대과학에 이르러 시간은 순차적으로 나타나는 모든 순간들(단위시간들)에 임의적이고 동등하게 적용되는 독립변수의 역할을 하고 있습니다. 시간의 흐름이 계산의 영역에 들어옴으로써 물질계는 시공적 완결성을 갖게 됩니다. 객관적 물질계를 '객관적'이게 하는 것은

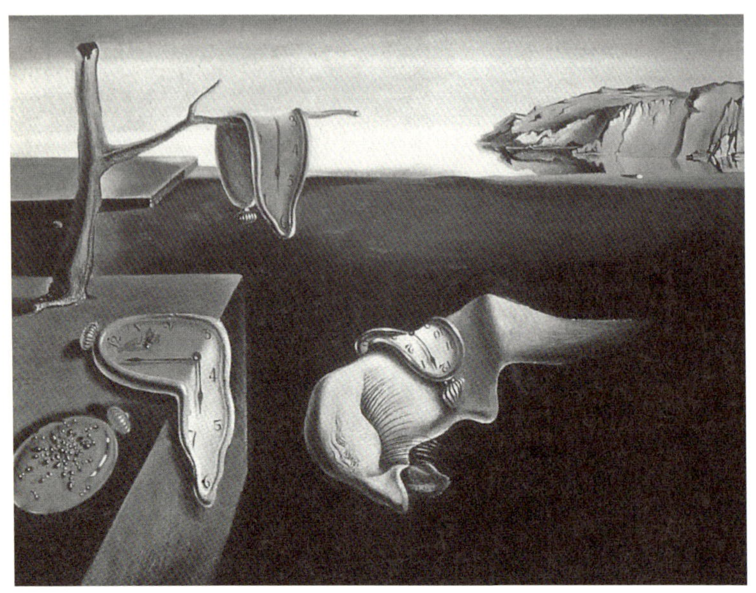

살바도르 달리, 〈The Persistence of Memory〉(1931).
달리는 "시계는 부드러워져야 하거나,
전혀 존재하지 않아야 한다"라며
서구의 선형적 시간관을 거부했다.

바로 이러한 시공의 분할가능성, 계산가능성입니다. 결국 시간은 공간과 마찬가지 방식으로 취급되기 시작한 겁니다.

그렇다면 우리 정신은 어떻게 됐을까요. 물질계를 과학의 관할 아래 둔 데카르트는 정신에 관해서 그 유명한 정식 "코기토, 에르고 숨(cogito, ergo sum 생각한다, 그러므로 나는 존재한다)"을 주장합니다. 문제는 이 확실한 진리가 순간적 진리라는 것이죠.

다음 순간에 나는 어떻게 하고 있을까. 매순간 나는 사유하는 존재로 존재하기 위해 신의 재가(즉 자연의 균일성)를 필요로 합니다. 다시 말하면 정신의 동일성은 순간들의 합이라는 수학적인 방식으로 확보됩니다.

일반적으로 데카르트가 사적 영역의 발견자라고 알려져 있으나 시간은 결코 그의 '사적 영역' 안에 들어오지 않았으며 계산가능한 순간들로서의 시간이 정신 내부까지 그 명석하고 판명한 '빛'을 던진 것입니다.

사실 시간을 사적 영역으로서의 의식 안에서 사유한 최초의 사상가는 아우구스티누스St. Aurelius Augustinus였습니다. 이제 시간과 의식이 맺는 동맹의 화려한 개막을 보기 위해서는 19세기 말로 넘어가야 합니다.

서양의 19세기 말은 심리학의 시대라고 해도 과언이 아닐 정도로 기억과 습관을 비롯한 정신현상 분야의 연구가 봇물을 이루었습니다. 거기에도 역시 자연과학적 방법에 충실한 관념연합론과 윌리엄 제임스

William James의 의식의 흐름 이론이라는 두 가지 대립된 입장이 있습니다.

과학으로서의 심리학 내부에서는 전자가 대세일 수밖에 없었으나 문학과 예술, 기타 사회과학에서조차 주관적 의미의 시간관념이 점차 유행처럼 번지게 됩니다. 이것은 가히 '사적 시간의 발견'이라고도 할 수 있을 만한 문화적 사건이라 하겠습니다.

마르셀 프루스트Marcel Proust와 제임스 조이스James Joyce를 보십시오. 그들이 수학공식들로 바싹 말라버린 근대인을 내적 시간의식의 파노라마 속에서 얼마나 풍부하게 살찌웠는지를. 이들 이전에 철학의 방면에서 시간의식을 주제로 완결된 시간 철학을 제시한 사람은 프랑스의 앙리 베르그송Henri Bergson입니다.

그는 "내 영혼의 상태는 시간의 길을 걸으면서 그것이 끌어 모으는 지속으로 계속 불어난다"고 말합니다. 기억과 무의식으로 가득한 인간의 의식현상은 시간과 동떨어져 생성될 수도 사유될 수도 없습니다. 순간들의 합으로서의 의식은 기억 없는 의식이며 끊임없이 죽고 다시 태어나는 불연속적 의식입니다.

관념연합론은 의식을 관념들로 분해하고 그것들을 다시 결합해 정신현상을 설명하는 전형적인 수학적 방식에 입각해 있습니다. 생생하게 활동하는 살아 있는 의식을 이런 방식으로 설명할 수 있을까요. 잘게 쪼개진 의식의 파편들은 임의의 방식으로 조합이 가능합니다. 마치 좌표 위의 수학적 시간이 왼쪽으로 이동하면 과거로도 얼마든지 되돌

아우구스티누스는 시간에 대해
"아무도 내게 묻지 않는다면 나는 시간이 무엇인지 알고 있다.
하지만 그것이 무엇인지 설명하려고 하면
나는 전혀 알 수 없게 되고 만다"라고 말했다.

01

02

03

01 마르셀 프루스트.

02 제임스 조이스.

03 앙리 베르그송.

베르그송은 "내 영혼의 상태는
시간의 길을 걸으면서 그것이 끌어 모으는
지속으로 계속 불어난다"라고 표현했다.

아갈 수 있는 것과 마찬가지입니다.

그러나 베르그송에 의하면 "과거가 잔존하므로 의식에 있어서 같은 상태를 두 번 지나간다는 것은 불가능"합니다. 과거의 무게는 시간의 질적 변형을 가져오고 우리의 자아는 매순간 축적된 경험으로 새로워지기 때문이지요.

시간의 흐름이라는 본성, 불가분적 구조 그리고 불가역성은 주관적인 의식에만 해당되는 것은 아닙니다. 오늘날의 물리학자들이 과연 얼마나 철저하게 데카르트와 뉴턴의 후예들일까요. 우리는 지난 세기들에 발생한 목적론이나 종교적 사유에서 자유로운 만큼 기계론적 인과론에서도 자유롭다고 생각합니다.

최근에 전개되는 복잡계의 과학은 우리에게 끝없는 새로움의 분출과 카오스로서의 우주를 맞아들일 준비를 시키고 있습니다. 일단 정해진 태풍의 방향이 그 영향을 받지 않은 채 다른 쪽으로 방향을 틀 수 없는 것처럼 시간은 물질에서도 그 족적을 남깁니다.

평형에서 멀리 떨어진 곳에서 일어나는 요동은 새로운 질서를 창조한다는 일리야 프리고진Ilya Prigogine의 물리학적 혁명은 시간에 대한 우리의 근대적 관념을 전면적으로 바꾸어야 한다는 것을 의미하고 있는 것이 아닐까요.

시간은 객관적 본성을 가지고 있다

이관수

동국대 교양교육원 교수

서울대학교를 졸업하고, 동 대학교 과학사 및 과학철학 협동과정에서 박사학위를 받았다. 현재 동국대학교 교양교육원 교수로 재직 중이다. 지은 책으로는 『뉴턴과 아인슈타인, 우리가 몰랐던 천재들의 창조성』(공저) 『사회속의 과학, 과학 속의 사회』(공저)가 있으며, 논문으로 「미국 연구개발체제의 발달과 군사화 : 더 크고 더 강하게」 「물리와 컴퓨터 : 지난 50년」 등이 있다.

푸앵카레Henri Poincaré는 인간이 물리법칙을 인지하고 표현하는 방식과 내용이 인간에게 편리하기 때문에 선택된 것일 수 있다고 생각했습니다. 어쩌면 '시간'이라는 누비이불도 그런 것일지 모르겠습니다.

저는 옛 물리학자들의 행적을 살펴볼 따름입니다만, 물리학을 높이 평가하는 말씀을 들을 때마다 저 또한 공연히 덩달아 으쓱하곤 합니다. 그런데 물리학이 절대 객관의 세계에 이미 도달한 것처럼 상찬하면 불편해할 물리학자들도 적지 않을 것 같습니다. 우리가 물리법칙이라고 부르는, 우리들의 지식과 개념은 머릿속에 있는 것이지 저 사물들의 세계에 존재하는 것이라고 생각하지는 않습니다.

물론 물리학자들은 지난 수백 년간 많은 노력 끝에 물리학적 지식을 우리가 감각하는 세계와 비교적 잘 대응하도록 다듬어 내었고, 이제는 우리 몸으로는 도저히 감각할 수 없는 영역까지 진출했습니다. 덕분에 우리는 평소에 세계에 대한 고전물리학적 개념과 몸과 간단한 도구들을 통해 감각하는 세계 사이의 구별을 잊을 정도입니다. 아마 다른 어떤 분야에 견주어도 대단한 위업이 아닐까 합니다.

뉴턴이 말한 절대시간도 그런 개념이었습니다. 우리는 내면의 경험을 다른 사람과 나눌 때 언어로 대화하고, 언어는 공통의 경험을 통해 의미를 획득하지 않습니까. 아마도 먼 옛날에는 나무의 그림자, 때로는 오벨리스크의 그림자가 가리키는 방향이 달라지는 것을 보며 시간을 이야기했을 것입니다. 지상 어디에서나 보이는 태양은 인간의 내면과 무관하게 초월적인 존재를 뽐내며 꾸준히 움직였습니다.

천문학 지식이 축적되면서 시베리아의 저녁 태양과 대서양의 아침 태양이 같은 것이라는 인식이 확립됐고, 이는 한 지역의 밤낮과 구별되는 우주 전체에 동일하게 흐르는 시간이라는 관념을 뚜렷하게 했을 것입니다.

사실 이 둘을 구별하기 위해서는 지구의 자전과 공전을 상상해내어야 합니다. 움베르트 에코는 『전날의 섬』에서 이런 상상력이 쉬운 일은 아니었다는 점을 보여줍니다. 다행히 지금은 국제전화가 간접적으로 그런 구별을 경험하게 합니다.

갈릴레이가 진자의 원리를 발견하고, 호이겐스가 진자시계를 처음 제작한 이래 시간 측정술이 비약적으로 발전했습니다만, 멀리 떨어진 두 지점에서 측정한 시각을 직접 비교할 때는 여전히 천문현상을 '동시에' 관측한다고 간주하는 수밖에 없었습니다. 여러 고안들이 있었지만, 근본적으로 두 지점에서 측정한 천문현상 발생시각을 직접 비교할 방법은 없었습니다.

19세기 말 장거리 전신망 덕분에 직접 비교가 가능해졌는데, 이번에는 자전하는 지구 위에서 신호가 오가는 시간 간격이 문제로 떠올랐습니다. 20세기 초 아인슈타인은 이 문제를 달리는 열차의 시계와 철도역의 시계를 동기화하는 문제로 환원해 해결했습니다.

그렇게 탄생한 특수상대성이론은, 시간은 시계로 측정하는 물리량이며 두 시계가 상대방에 대해 등속직선운동을 할 때 한 시계의 측정치는 언제나 일정한 규칙에 따라 다른 시계의 측정치로 변환된다는 점을 보여주었습니다. 물론 이 시계는 이상화된 시계입니다.

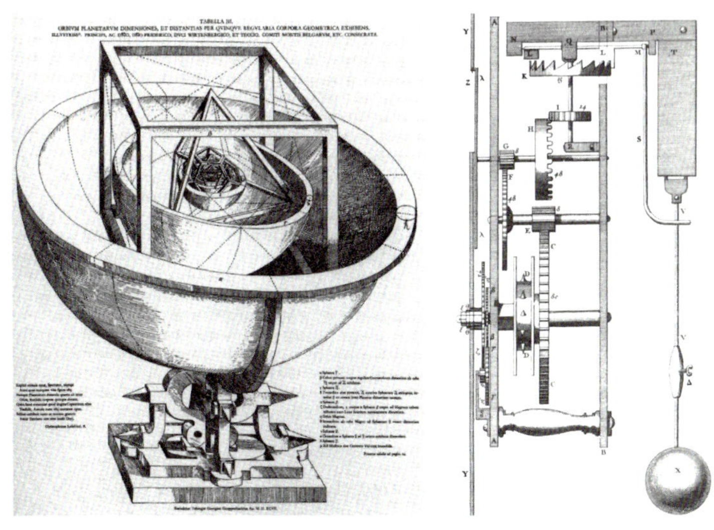

천문학과 물리학적 지식은 우주 전체에 동일하게 흐르는 시간이라는 관념을 뚜렷하게 했다.
케플러의 『신비한 우주구조론』에 실린 그림(왼쪽)과 호이겐스의 진자 시계(오른쪽).

양자역학이 기계적 인과를 느슨하지만 더 질긴 확률적 인과로 대체했듯이 특수상대성은 시간들의 관계를 다이아몬드보다 더 단단하게 고정시켰습니다. 당연히 이런 시간관념은 일상경험과 잘 들어맞지도 않고, 개념적으로 이해하기도 쉽지 않습니다.

우리의 몸은 두 장소에서 측정한 시각을 한 번에 직접 경험하지 못합니다. 오로지 정밀한 측정기계를 통해 추상화된 시각들만을 전달받아 동시에 경험할 수 있을 뿐입니다. 20세기 전반 보어 Niels Bohr 는 입자나 파동 같은 우리의 언어와 개념이 일상세계에서 추상화된 것이기 때문에 인간이 직접 경험하지 못하는 양자역학적 세계를 제대로 기술하지

20세기의 위대한 물리학자 아인슈타인은

"시간과 공간은 절대적이지 않으며

관측자의 운동 상태에 따라 얼마든지 다르게 보일 수 있고

서로 긴밀하게 연관되어 있다"고 주장했다.

못한다고 지적한 바 있습니다. 우리의 시간 감각이 일상에서 추상화된 것이라면, 우리 몸이 경험하지 못하는 '시간'들이 우리 감각에 잘 포섭되지 않는 것이 자연스럽지 않을까요.

제가 '시간들'이라고 부르는 이유는 시간을 측정하는 방법이 다양하고, 방법마다 특성이 사뭇 다르기 때문입니다. 마이컬슨-몰리 간섭계를 이용하면 빛이 두 경로를 각각 이동하는 시간의 차이를 학부생도 정밀하게 측정할 수 있습니다. 하지만 두 경로를 따라 빛이 이동하는 전체시간은 알 수 없습니다.

또 세포 내에서 생화학 반응이 일어나는 시간을 실시간으로 촬영하고 정밀하게 측정할 수도 있지만, 그런 장비를 이용해서 '현재'가 그리니치 시각으로 정확히 언제인지를 판별할 수는 없습니다. 시간을 측정하는 경험과 기술은 다양하게 분기되어 있습니다.

물론 물리학 이론은 원리가 다른 장치로 계측한 시간들도 다 같은 '시간'으로 여깁니다. 계측방식마다 측정영역이 다른 방식의 측정영역과 일부 겹치고, 공통영역에서 같은 결과를 얻을 수 있는 덕분입니다. 마치 누벼 만든 천 같다고 할 수 있습니다. 한 장의 커다란 천으로 기워내었지만, 하나의 천 조각과 다른 조각이 같지는 않습니다.

측정현장에서는 문제영역마다 적합한 측정방법을 선별해 사용합니다. 즉 경험세계마다 사용하는 방법이 다릅니다. 푸앵카레Henri Poincaré는 인간이 물리법칙을 인지하고 표현하는 방식과 내용이 인간에게 편리

시계를 이용해 시간을 측정하고 표준화하려는 시도는 계속되고 있다.

현재 사용하고 있는 세계 표준시각은 1884년 워싱턴에서 열린 국가간 회의에서 채택된 것이다.

처음에는 런던 그리니치 천문대를 관통하는 경도 0를 기준으로 한 그리니치 표준시가 표준이었으나,

이후 협정 세계시로 표준이 바뀌었다.

하기 때문에 선택된 것일 수 있다고 생각했습니다. 어쩌면 '시간' 이라는 누비이불도 그런 것일지 모르겠습니다.

한걸음 더 물러서보면 물리학적 시간도 다른 시간들과 함께 더 큰 누비이불을 구성하는 조각천에 불과한 것이 아닐까요? 내면의 심리적 시간과 물리적 시간은 분명 다른 천조각의 일부로 보입니다. 우리 내면의 '순간' 은 물리적 세계에서는 존재하질 않습니다. 인간의 인지와 결부된 무수한 생화학적 반응들은 순간에 일어나는 것이 아니라 기간에 걸쳐 일어나고 그런 반응속도조차 고정되어 있지 않고 물리화학적 상황에 따라 달라집니다. 하지만 그렇다고 해서 내면의 시간에 대한 주관적 탐구를 헛된 일로 치부해버리는 것은 문제 영역을 착각한 천박한 '과학주의자' 나 저지를 일이겠지요. 물리적 시간이라는 개념 또한 우리 의식의 산물인 이상 '물리학적 시간' 이라는 조각천에서 '심리적 시간' 조각천으로 가려면 다른 조각천들을 여럿 거쳐야 할 뿐, 그 이상도 그 이하도 아닌 것 같습니다. 조각천 하나가 누비이불의 근본이 아닌 것처럼 어느 한 시간을 다른 한 시간보다 더 근본적으로 여기지 않는 것이 '단일한 시간' 의 독재로부터 탈출하는 길이 아닐까요?

시간의 디지털적 계측은 가능한가?

우리는 시간 속에서 태어나고, 경험하고, 늙고, 죽어간다. 그런데 시간이란 대체 무엇일까. 매시간 바쁜 일상 속에서 살아가는 평범한 현대인에게 시간은 숫자로 표상된다. 하루는 24시간으로 나뉘고, 한 시간은 분과 초로 다시 나뉜다.

우리는 정확히 계측된 시간으로 일한 대가를 받고, 타자와 약속을 하며, 우리의 미래를 설계한다. 단적으로 말해 우리의 삶과 사회를 분절하는 시간, 디지털적인 시간을 통해 세상은 움직이고 있다.

사실 이러한 시간관은 근대의 물리학 혁명과 연관이 깊다. 뉴턴, 데카르트 등을 통해 우리는 우주 전체를 관통하는 물리법칙이 있고, 역시 어디에서나 동일하며, 어디에서나 계측가능한 시간이 존재함을 알게 된 것이다. 바로 이 보편적이고 분절적인 시간관 덕분에 우리는 뉴욕이든, 부에노스아이레스든, 동경이든, 동일한 시간을 근거로 거래를 하고, 약속을 하며, 소통을 할 수 있다.

이렇게 근대의 물리적 시간관은 낮이든, 밤이든, 밥을 먹는 시간이든, 일을 하는 시간이든, 집에 있는 시간이든, 버스에서의 시간이든 오직 길이로만 변별이 가능한 동질적 시간들로 바라본다. 그래서 계산 가능하고, 측정 가능하며, 예측 가능한 시간이 모든 존재자의 존재 형식이 되고, 세계를 담는 그릇이 된다.

그러나 곰곰이 생각해보면 과연 모든 시간이 동일하고 천편일률적으로 계측가능한지에 대해서 의구심을 가질 수 있다. 예를 들어보자.

지하철역 앞에서 연인을 기다리는 5분은 결코 직장에서 서류와 컴퓨터를 오가며 보내는 5분과 동일할 수 없다. 전자의 5분은 온갖 상상과 기대와 떨림으로 충만하지만, 후자의 5분은 어떤 의미를 부여한다는 것이 민망할 정도로 무색, 무의미한 순간에 불과하다.

포탄이 오가는 전쟁터에서 동료가 적의 총탄에 유명을 달리한 5초간을 천박한 방송프로그램 자막이 나오는 5초와 비교할 수는 없는 법이다. 더구나 나와 가까운 타자가 죽어가는 그 절체절명의 순간은 1+1+1+1+1=5(초)와 같은 식으로 분절할 수도 없다.

분절할 수 없기에 계산이 불가능하고, 계산이 불가능하기에 계측이 불가능하며, 계측이 불가능하기에 시간들 간에 객관적 비교가 불가능한 것이다. 이런 식으로 19세기 심리학의 발전과 프랑스 유심론의 만

시간은 흐르는 것일까?

그렇다면 무엇이 흐는 것일까?

그것은 실체일까,

아니면 인간의 추상적인 개념일까?

인간에게 시간은 쉽게 설명되지 않는 그 무엇 하나다.

개로 인해 몇몇 학자들은 우리의 삶을 구성하는 시간들을 어떻게 동일하게 취급할 수 있으며, 측량과 분절이 가능한지에 대해서 의문을 제기했다.

또 프리고진 등이 관여한 바 있는 현대의 복잡계 과학은 사적 성격에 대한 강조보다 세련된 방식으로 근대적 시간관을 넘어서고 있다. 선형적이고 기계론적인 인과론을 따르는 시간, 직선적이고 예측 가능한 시간이란 이상적인 상황에 불과하다고 지적한다.

현재는 과거에서 직접 도출된 결과가 아니고, 현재 역시 미래를 기계론적으로 야기하지 않는다는 것이다. '지금'은 결코 '방금'의 당연한 결과가 아니요, '오늘'은 '어제'와 직선주로로 연결된 같은 나날이 아니라는 이야기이다.

방금과 지금 사이, 어제와 오늘 사이에 놓인 숱한 사건과 경험이 모든 것을 바꿀 수도 있다는 점, 바로 이 점을 말하면서 현대과학은 분절 가능하고, 기계론적 인과론으로 연결된 근대 시간관의 뿌리를 흔들고 있다.

오주훈 교수신문 기자

"카오스는 모든 곳에 존재하는 것 같다.
한 줄기 담배 연기가 공중으로 올라가다가
거칠게 소용돌이치며 흐트러진다. 깃발은 바람 속에서
앞뒤로 펄럭인다. 물이 똑똑 떨어지는 수도꼭지에서
처음에는 물방울이 일정한 패턴으로 떨어지다가
갑자기 제멋대로 떨어진다."

제임스 글리크, 『카오스』 중에서

미시적 우연과 거시적 결정론의 만남

김승환

포스텍 물리학과 교수

서울대학교를 졸업하고, 미국 펜실베이니아 대학교에서 물리학으로 박사학위를 받았다. 미국 프린스턴의 고등연구소와 코넬 대학교 연구원을 거쳐 현재 포스텍 물리학과 교수로 재직 중이며, 아태이론물리센터 사무총장으로 활동하고 있다. 저서로는 『현대의 새로운 패러다임과 인문학』(공저) 등이 있고, 복잡계물리학, 뇌과학, 경제물리 등의 주제에 대한 100여 편 이상의 SCI 국제학술지 논문을 발표하였다.

비예측성은 '나비효과'에 의해 결정계에서도
생겨날 수 있으며 이를 카오스라고 합니다.
그러나 카오스는 완전한 우연이 아니며,
그 불규칙성의 이면에는 새로운 형태의
수학적 질서가 존재합니다.

옛날 사람들은 태초에 세상을 완전한 카오스로 보고 그들의 신들 중 하나를 카오스라고 불렀습니다. 그러나 인간은 복잡한 자연현상의 원인을 끊임없이 규명하고자 했고, 인과관계의 일정한 패턴을 예측하기 시작했습니다. 결정적인 세계관은 뉴턴의 역학 법칙으로 대표되는 근대과학에 의해 더욱 체계화되고, 라플라스Pierre Simon de Laplace에 의해 뒷받침됐습니다. 세상의 미래는 과거와 마찬가지로 그 운명이 결정돼 있는 것입니다.

그러나 현대과학의 혁명이 밝혀낸 원자의 세계는 하이젠베르크Werner Heisenberg의 '불확정성 원리'로 대표되는 양자역학이 지배하는 확률의 세계입니다. 자연은 미시적 세계에서는 우연을 바탕으로 한 '주사위 게임'을 하고 있는 것입니다. 이 상호모순의 두 세계─미시적 우연과 거시적 결정론은 어떻게 융합될 수 있을까요.

기원전 5세기 '원자론'을 처음 주장한 그리스 철학자 데모크리토스Demokritos는 "모든 사물은 우연과 필연의 열매다"라고 했습니다. 세상일이 '우연이냐 필연이냐' 하는 명제는 철학적, 종교적 차원의 난제로 인류 역사의 끝없는 논쟁을 제공해왔습니다. 1970년 프랑스를 대표하는 현대생물학자인 자크 모노Jacques Monod가 저술한 『우연과 필연』은 새로운 과학적 접근으로 출간 후 전 세계의 과학계에 큰 반향을 일으켰습니다.

폴 데이비스Paul Davies에 의하면 이 시기에 시작된 또 하나의 현대과학

하이젠베르크는 '불확정성 원리'를 통해
관찰자가 실험의 일부이며,
대상과 완전히 분리된 객관적 관찰은
존재하지 않는다고 주장했다.

자크 모노와 그의 저서 『우연과 필연』.
모노는 모든 현상이 인과법칙에 의해 설명될 수 있는 것처럼
보여도 사실은 우연의 산물의 불과하다고 주장한다. 그에
따르면 "우리는 이 광막한 우주에서 외톨이다."

의 혁명은 '복잡성의 과학'입니다. 복잡성의 과학은 우연을 가장한 자연의 복잡성 속에 숨어 있는 질서를 찾아내고자 합니다. 우리 주위의 자연과 사회를 더욱 주의 깊게 관찰하면, 많은 현상이 교과서의 예제에서 배운 것과는 달리 매우 복잡하며 역동적이라는 것을 깨닫게 됩니다.

변화무쌍한 구름, 계곡의 급류 흐름, 흔들리는 불꽃, 역동적인 생명 현상, 주식의 급격한 등락, 인터넷과 사회의 거미줄 망 등은 매우 불규칙하고, 비예측적이며 복잡한 모습을 보여줍니다. 이러한 거시적 세계에서의 비예측성은 주위에서 흔히 관찰되고 오랜 역사를 가지고 있음에도 불구하고, 자연의 이해에 방해가 되는 예외적, 비정상적 대상 또는 고전적 방법론의 물리학에 좌절감을 안겨주는 과제로 남아 있었습니다.

이러한 비예측성은 '나비효과'에 의해 결정계에서도 생겨날 수 있으며 이를 카오스라고 합니다. 그러나 카오스는 완전한 우연이 아니며, 그 불규칙성의 이면에는 새로운 형태의 수학적 질서가 존재합니다.

저명한 과학자 더글라스 호프스태더 Douglas Hofstadter 에 의하면 "질서와 카오스는 거울 양쪽의 실상과 허상처럼 분리될 수가 없다"는 것인데 카오스의 미스터리는 바로 여기에 있습니다. 이렇게 카오스는 전혀 달라 보이는 결정론적 세계관과 확률론적 세계관을 연결시켜주고 상호 양립이 가능하게 해주는 중요한 고리를 제공합니다.

카오스 계들은 비선형성을 공통적으로 가지고 있습니다. 선형계의 경우 출력이 입력에 비례해 결과의 정확한 예측이 가능합니다. 비선형 계의 경우 출력과 입력의 상관관계가 비례하지 않고 '나비효과'에 의해 비예측성을 낳게 됩니다. 흥미롭게도 인간의 뇌도 수많은 비선형 신경세포들이 네트워크로 연결된 복잡계로서 그 활동이 카오스 상태를 보인다는 것이 생리 실험과 뇌파 측정을 통해 잘 알려져 있습니다.

이미 자연은 카오스의 우연성을 오랫동안 이용해왔는지도 모릅니다. 모든 가능성들을 시험해봄으로써 예상하지 못했던 환경의 변화에 효율적으로 대처해올 수 있는 것입니다. 즉 통제된 형태의 우연한 돌연변이를 통해 자연도태를 이겨낼 수 있는 다양한 생명체들을 만들어 진화해온 것입니다.

카오스는 우연을 통한 다양성과 함께 제어가능성을 동시에 추구하게 해주는 바람직한 자연의 알고리즘인 것 같습니다. 또한 카오스의 원리는 우리 창의성의 문제에 새로운 시각을 제공해주고, 결정론적 세계관과 자유의지의 융합이 가능하도록 해줄지도 모릅니다.

이제 카오스가 질서와 예측성의 족쇄로부터 해방돼 새로운 관점에서 많은 과학자들이 자연의 우연과 필연의 관계를 연구하고 있습니다. 복잡계는 많은 작은 부분들로 엮어져 있어 카오스를 축으로 한 복잡계 과학은 다양한 단계가 엮어진 패턴을 이해, 제어하려는 노력을 시도합니다.

최근 복잡계에 대한 새로운 인식과 원리를 공학, 생명현상, 생태계,

카오스 이론의 아이콘이 된 로렌츠 어트렉터(Lorenz Attractor).
카오스 이론에서 말하는 나비 효과(Butterfly effect)는
초깃값의 미세한 차이가 전혀 다른 결과를 낳게 하는 현상을 말한다.

카오스 이론은 외관상 무질서하고 불규칙적으로 보이지만

내적인 질서와 규칙성을 갖는 현상을 설명하려는 이론이다.

경제 및 사회현상에 응용하려는 학문 간 시도가 전 세계적으로 활발하게 전개되고 있습니다. 저명한 물리학자인 조세프 포드Joseph Ford에 의하면 "복잡성의 과학은 거시의 세계, 미시의 세계에 이어 복잡성의 세계를 다루는 21세기 현대과학의 새로운 흐름"이라고 합니다. 또한 과학평론가인 하인츠 페이겔스Heinz Pagels는 "무한한 응용가능성을 가진 복잡계를 지배하는 나라가 21세기의 세계의 초강대국이 될 것"이라고 예측하고 있습니다.

우연과 필연, 카오스와 복잡성의 상관관계를 좀 더 잘 이해하면 기상예측 등 현대사회의 주요 과제에 새로운 접근이 가능합니다. 카오스는 미시적 세계의 우연과 거시적 세계의 필연을 엮는 유기적 전체의 원리로 세상을 새롭게 보게 해줍니다.

＜speech bubble＞
진화, 우연의 현상인가 필연의 결과인가

정민걸
공주대 환경교육과 교수

서울대학교 동물학과에서 석사학위를 받고, 미국 오클라호마 대학교 동물학과에서 박사학위를 받았다. 현재 공주대학교 환경교육과 교수로 재직 중이다. 생태유전학, 진화학, 환경철학, 환경정책 등에 관심을 가지고 있다. 지은 책으로는 『이해하는 생태학 : 자연과 사람의 본성을 찾아서』 『우리가 돼지고기냐? 내신 등급제 하게!』 등이 있고, 옮긴 책으로는 『진화학』 『네루 자서전 : 자유를 향하여』 등이 있으며, 논문으로 「환경철학에서 생태적 접근의 한계」 「환경의 영향을 받는 초파리 옆가슴판 강모의 성적 차이 발현」 「어떤 환경 조건에서 생태적 형질대치가 일어나는가?」 등이 있다.

현재 우리가 관찰하는 생물이 단순히 유일한 인과의
결과가 아니라 다양한 가능성 중 우연히 실현된
하나라는 점은 명확하게 인식되고 있습니다.
따라서 초기 조건이 같더라도 현재와 동일한 생명의
역사는 재현되지 않을 것입니다.

우연은 인과관계 없이 뜻밖에 저절로 일어남을 말합니다. 다시 말하면 우연은 의도된 목적 없이 일어남을 뜻합니다. 하지만 일반적으로 일어난 일의 원인을 추구하는 것이 사람의 호기심입니다. 이런 필연의 추구가 과학 발전의 원동력이 되어왔습니다. 그래서 원인이 없다거나, 또는 의도된 목적이 없다면 받아들이기 어렵습니다. 그런 예의 하나가 우연의 연속으로 설명하는 진화론입니다.

고대 그리스 철학자인 루키포스Leucippus는 "아무것도 우연히(random) 일어나지 않고 모든 것은 이유와 필요가 있어서 일어난다"고 했습니다. 아리스토텔레스Aristotleles도 행운이나 우연이 매일 일어나는 일이지만 우연의 사건들은 인과로 이어진 필연이라고 주장했습니다.

이런 목적론은 완전성을 전제하는 본질주의로 중세 유럽의 신학과 결합해 신의 의도적인 창조만을 인정했습니다. 또한 17~18세기 데카르트René Descartes의 영향을 받은 기계적 세계관과 이슬람 문화의 유입으로 종의 변화를 인식하지만 신학은 여전히 종의 변화를 인정하지 않았습니다. 설령 종의 변화를 인정하는 경우도 지적 설계론처럼 신이 계획하고 안내하는 변화를 주장합니다.

한편 19세기 라마르크Jean-Baptiste Lamark와 다윈Charles Darwin은 종의 변화를 인식하는 데 크게 기여했습니다. 그런데 라마르크는 단순한 종이 환경에 적응하기 위해 필요에 따라 형태가 더 복잡하게 선형적으로 변한다고 했습니다. 이는 필연의 목적론의 주장입니다.

반면 다윈은 다양한 새끼들 중 일부가 자연선택에 의해 생존하면서 한 종이 다양한 종으로 분기될 수 있다고 주장했습니다. 비록 여전히 필연의 결과처럼 해석되는 경우가 많지만 우연의 현상으로 종의 변화를 받아들일 수 있는 계기가 마련된 것입니다.

그러면 자연선택설의 기본적인 요건은 무엇일까요. 첫째, 한 종의 개체들이 서로 달라 변이가 있습니다. 이 변이는 일시적인 것이 아니라 대를 이어 유전되는 변이입니다. 둘째, 한 지역에서 살 수 있는 개체수보다 훨씬 더 많은 수의 새끼들이 태어납니다. 따라서 새끼들 사이에 생존 경쟁이 일어날 수밖에 없습니다. 셋째, 유전적으로 서로 다른 새끼들 사이의 경쟁에서 환경에 더 잘 적응하는 개체가 살아남아 새끼를 낳습니다. 따라서 다음 세대는 생존한 개체를 더 닮게 되어 종이 환경에 더 잘 적응하게 변합니다. 이런 과정을 자연선택이라고 합니다.

이런 자연선택의 설명은 종의 변화를 필연적인 변화로 오해하기 쉽게 만듭니다. 생존 경쟁에서 살아남는 적응 과정으로 정의된 자연선택은 분명 목적하는 결과를 낳는 과정으로 받아들여지기 때문입니다. 이를테면 자연선택에 의해 최적자가 생존한다는 극단적인 설명은 오해를 불러일으킵니다. 이는 생명의 역사를 획일적인 필연으로 볼 수밖에 없게 하는 순환논증이기 때문입니다.

그래서 때로는 특정한 종에서 관찰된 현상을 자연선택에 의한 유일한 적응 방식인 것처럼 사람사회에 직접 적용하는 자연주의적 오류를

종의 변화에 대한 인식을 크게 바꾼 라마르크(왼쪽)와 다윈(오른쪽).
라마르크가 필요에 따른 종의 변화를 주장했다면, 다윈은 자연선택에 의한 종의 분기를 주장했다.
다윈의 주장대로라면 종의 변화에는 '우연' 의 요소가 포함될 수 있다.

범해 재미있는 우화를 만들기도 합니다. 이는 종들이 처한 상황, 즉 환경이 각기 다르다는 것을 망각하기 때문입니다. 또한 설령 같은 상황이라도 현상은 많은 가능성 중 하나가 우연히 남는 것이지 필연의 유일한 결과가 아니라는 것을 이해하지 못하기 때문입니다.

왜 이런 오해가 발생할까요. 자연선택은 관찰된 현상을 생존 목적을 달성한 결과라고 인과론적으로 설명하기 때문입니다. 하지만 자연은 의도적인 선택을 하지 않습니다. 다만 자연에서 일어날 수 있는 여러 가능성 중 우연히 하나가 남을 뿐입니다.

예를 들어 벼락이 칠 때 용감하고 활발한 원숭이는 용맹을 과시하기 위해 벌떡 일어나 포효하며 벼락에 맞아 죽을 확률이 더 큽니다. 하지만 소심한 원숭이는 숨었기 때문에 살아남아 우두머리가 될 확률도 있습니다. 그런데 사람의 호기심은 자연에서 관찰된 현상을 유일한 필연의 결과로 단정짓는 경향이 있습니다.

한편 다윈이 자연선택설을 발표한 19세기에 널리 인정된 혼합 유전 방식에 반해 신이 창조한 대로 유지되는 유전 입자를 입증한 멘델Gregor Mendel의 유전 원리가 발전하면서 종의 변화를 당연하게 받아들이게 되고 자연선택설을 정당화하는 기반이 된 것은 역설적입니다. 즉, 20세기 들어 집단유전학과 분자유전학이 발전하면서 유전자 빈도를 직접 측정하고 유전자의 실체를 인식하게 되면서 자연선택설은 더욱 널리 인정됐습니다.

그런데 20세기 들어 자연선택설은 크로우James F. Crow와 기무라Motoo Kimura에 의해 도전을 받았습니다. 분자생물학의 발전으로 자연에 돌연변이가 너무나도 많다는 사실이 밝혀졌기 때문입니다.

기무라는 돌연변이의 대부분이 자연선택에 대해 중립이라는, 즉 적응면에서 중립적이라는 중립설을 주장하면서 종의 역사가 한 조의 돌연변이군에서 다른 돌연변이군으로 전이해가는 확률적인 과정, 즉 우연의 현상이라고 강조했습니다. 여전히 자연선택설과 중립설의 논쟁이 있기는 하지만 대체적으로 자연선택설이 생명의 역사를 설명하는 주된 이론으로 인정되면서 중립설이 부분적으로 인정되는 추세입니다.

그렇지만 현재 우리가 관찰하는 생물이 단순히 유일한 인과의 결과가 아니라 다양한 가능성 중 우연히 실현된 하나라는 점은 명확하게 인식되고 있습니다. 따라서 초기 조건이 같더라도 현재와 동일한 생명의 역사는 재현되지 않을 것입니다.

한편 우연과 혼동이 되는 개념이 물리학의 혼돈(Chaos)입니다. 비록 일상에서 혼돈은 무작위로 일어나는 우연과 동의어로 쓰이지만 물리학의 혼돈 이론은 우연인 듯한 현상을 결정론의 수식으로 설명할 수 있습니다. 하지만 지나온 궤적을 필연적인 결정론의 수식으로 설명할 수 있는 경우 가까운 미래의 예측은 비록 오차가 개입을 하더라도 참값에서 크게 벗어나지 않지만 먼 미래의 예측은 오차가 너무 커지는 경우가 일반적입니다. 나비효과의 예인 기상 현상의 장기 예보가 어려운 이유

돌연변이를 그린 아고스티노 카라치의 〈털북숭이 아리고와 미치광이 피에트로, 작은 아몬〉 (1599)

입니다. 물론 오차 때문인지 모든 조건을 모르기 때문인지 애매하기는 하지만 만약 오차가 개입한다면 우연이지 필연일 수 없습니다.

비록 로또 당첨 확률을 말하면서 우연을 전제하지만 필연적으로 당첨될 운명을 믿고 로또 명당을 찾는 것이 인생입니다. 이와 같은 맥락에서 인과론에 기반한 불교가 모든 일에 선행된 인연이 있기 때문에 최초를 논하지 않고 윤회만을 강조하는지도 모릅니다. 아마도 윤회를 벗어나는 해탈은 원인과 목적이 없는 우연의 현상이라는 것을 깨닫는 순간의 허탈함을 극복하고 창의적인 발상으로 진화론을 받아들일 수 있는 철학적 사고의 단계를 뜻할 것입니다. 다시 말해서 우연의 역사인 생명의 역사를 지나온 과거만을 꿰맞추어 보면 유일한 필연으로 착각하기 십상이라는 것을 깨달을 때 진정한 과학인이 되는 것입니다.

세상은 우연으로 가득 차 있는 걸까

근대과학이 세계를 바라보는 관점을 가장 잘 보여주는 존재는 라플라스의 악마이다. 피에르 시몽 라플라스가 고안해낸 이 상상의 존재는 '만일 우주에 있는 모든 원자의 정확한 위치와 운동량을 알고 있는 존재가 있다면, 현재와 미래를 모두 설명해줄 수 있는' 그러한 존재이다.

그런데 이는 19세기 통계 및 열역학의 발전으로 흔들리게 된다. 기체 분자 등의 운동의 경우 원리적으로는 결정론적 기술이 되겠지만, 사실상 통계적으로만 기술을 할 수 있기 때문이다. 20세기 초 양자역학은 근대의 세계관이 그 뿌리에서부터 틀린 것임을 보이며, 결정론을 전복시켰다.

세계가 미시적 차원에서는 근본적으로 불확정적이라는 양자역학의 주장은 많은 파장을 일으켰고, 심지어 아인슈타인은 "신은 주사위 놀이를 하지 않는다"라는 말로 거부 의사를 밝히기까지 했다. 그러나 양자역학이 출현한 후 수십 년 동안 전개된 실험들은 결정론이 그릇된 관점임을 보여줬다.

우연에 대한 사고의 전향은 20세기 후반 일리야 프리고진 등이 주창한 카오스 이론에 의해서 더욱 만개한다. 소립자들이 노니는 미시적 세계만이 아니라, 거시 세계에서도 단순한 선형 방정식으로는 기술하기 어려운 우연과 불확실성이 존재한다는 것이다.

흔히 카오스 이론을 설명하는 예로 나비의 날개짓으로 일어나는 태풍이 있다. 또 다른 예를 들 수도 있는데, 만일 우리가 공룡 시대로 거

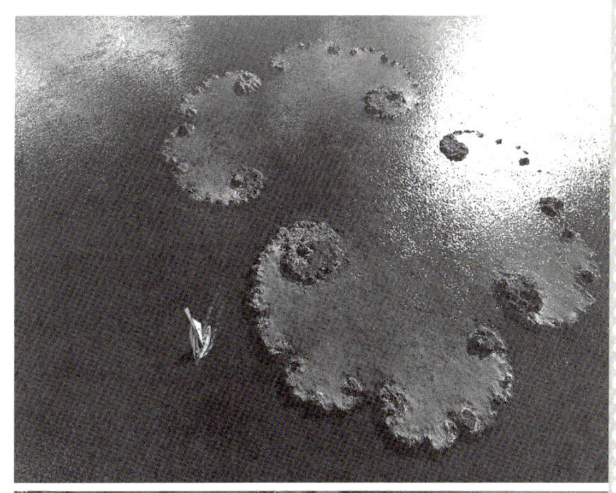

프랙탈은 산, 해안선, 구름, 브로콜리 등에서 찾을 수 있는
불규칙하고 예측불가능한 자연 세계를 설명하기 위해 사용된다.
프랙탈은 세부 구조를 확대해 보았을 때 전체 구조와 유사한 형태를
끝없이 반복하고 있는 기하학적 구조를 말한다.

슬러가 아주 작은 흔적만을 남겼더라도, 그 여파가 일파만파로 커져 대통령의 이름이 달라지거나, 인류사가 바뀌었을 수도 있다는 것이다.

우연 개념은 생물학에도 적용될 수 있다. 어떤 개체가 생존에 유리한 특질을 타고 났다고 해서 곧바로 그 개체가 적자로 살아남으라는 법은 없다. 단지 그 개체에게 우호적인 생존의 조건이 주어졌을 뿐이라고 말하는 것이 옳은 것이고, 거기에는 언제나 일정한 정도의 우연이 개입한다고 봐야 한다.

그런데 우발과 우연은 구분을 해야 한다. 우발은 어떤 사건이 근본적으로 이유나 원인이 없이 일어났다는 의미이다. 한편 쿠르노Antoine-Augustin Cournot는 우연을 그 자체로는 필연적인 인과적 계열들이 우연히 만날 때 일어나는 현상으로 이해한다. 이를테면 까마귀가 나는 사건과 배가 떨어지는 사건은 각각을 놓고 보면 필연이지만, 그 둘이 동시에 일어나는 양상은 필연이 아니라는 의미이다.

한편 양자역학이 기술하는 불확정성은 근원적 우발이나 독립적 계열들의 우연한 만남 어디에도 속하지 않는다. 세계가 우연적 사건으로 가득 차 있기는 하되, 일정한 경향을 지니고 있다고 봐야 한다. 또 카오스 이론에서 말하는 우연은 어떤 사건의 결과가 그 사건의 원인에 영향을 미치면서 복잡하게 뒤얽히는 상황을 의미한다.

그렇다면 우리는 정확히 말해 어떤 세상에서 살아가는 것일까. 양자역학의 확률적 우연과 카오스 이론의 복잡계에서 돌발하는 우연과 쿠르노 식의 독립된 계열들의 마주침이라는 우연이 착종하는 세계에서 살고 있다고 봐야 한다. 거기에 우연을 계기로 삼는 진화론적 세계까지 고려한다면, 우리는 지극히 우연으로 충만한 세상에서 살아간다고 할 수 있다.

오주훈 교수신문 기자

"인간은 죽음을 병원의 밀실에 가둠으로써
마치 의학이 승리한 것 같은 착각에 빠졌다.
그렇지만 이는 오히려 산다는 것의 의미를
희박하게 만들었을 뿐이다."

알폰스 디켄, 『인문학으로서의 죽음교육』 중에서

오상진

전남대 생명과학기술학부 교수

서울대학교 미생물학과에서 석사학위와 박사학위를 받았다. 현재 전남대학교 생명과학기술학부 교수로 재직 중이다. 암과 노화의 기작에 관해 관심을 가지고 있다. 지은 책으로는 『인체노화』, 『알기 쉬운 바이러스』 등이 있고, 논문으로는 「Identification of p53 gene mutations in breast cancers and their effects on transcriptional activation function」 등이 있다.

죽음은 생명체 내부의 유전자들에 의해 이미 규정이 되어 있을 뿐 아니라 생명을 둘러싼 환경요인들의 영향도 받음으로써 완전히 자연의 섭리 안에서 이루어집니다. 죽음은 결국 하나의 종이 끊임없이 새로워지고 낡은 몸의 원기를 되찾게 하는 생명의 법칙인 셈입니다.

생물의 가장 큰 특징은 번식을 통해 자신의 자손과 유전자를 가능한 널리 퍼뜨리는 것입니다. 또 한정된 수명을 가지며 죽음을 맞이해 그 자체를 이루고 있던 구성요소가 자연으로 되돌아간다는 것입니다. 이 구성요소는 다시 새로운 생물에 사용됩니다.

개체가 지니는 육체는 사라지지만 그들이 지니는 유전자(DNA)는 영원히 끊이지 않고 자손을 통해 이어 내려갈 수 있습니다. 이런 이유 때문에 리처드 도킨스 같은 학자는 생물이 지니는 육체에 대해 DNA를 보존하고 자손에 전달하도록 고안된 운반체 즉 '생존기계'로 비유한 바 있습니다. 죽음은 새로운 생명을 가능케 하는 자연의 시스템이라 볼 수 있습니다.

인간의 죽음을 연구하기 위해 평균수명 이전에 성인병으로 인해 죽음을 빨리 맞게 되는 '조로증'은 인간의 수명 연구에 중요한 단서를 제공해줄 수 있을 것입니다. '조로증' 중의 하나인 워너증후군(Werner syndrome)의 경우에 그 원인 유전자가 밝혀졌는데 그것은 바로 헬리카제(helicase)였습니다.

헬리카제는 DNA의 이중나선을 풀어주는 기능을 하는 효소입니다. 이 효소는 DNA의 복제, 손상된 DNA의 수선, DNA 이중나선이 풀어져 전사가 일어나 단백질이 만들어질 때 이와 같은 반응들이 가능하도록 해줍니다.

헬리카제의 역할은 특정 세포만 가지는 것이 아니라 생물의 모든 세

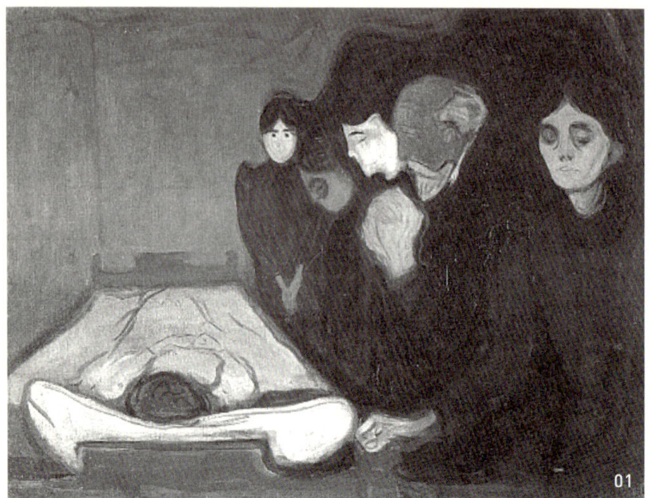

01 에드바르 뭉크, 〈Death〉(1895)

02 에드바르 뭉크, 〈Death in the Sickroom〉(1895)

포의 근본적인 기능에 관여하기 때문에 한 효소의 잘못된 기능은 신체 전체에 퇴행을 초래할 수 있는 것입니다. 워너증후군의 예로 볼 때, 노화의 원인이 되는 유전자가 그렇게 많을 필요가 없음을 추측하게 하는 부분입니다.

동물이 최대한으로 생존할 수 있는 한계수명은 종(species)에 따라 차이가 납니다. 이것은 최상의 삶의 환경에서도 쉽게 극복될 수 없는 '한계'로 생각할 수 있습니다. 체중이 가벼운 동물일수록 체중에 대한 체표면적의 비율이 높기 때문에 체온을 빨리 잃게 되고 이것을 보충하기 위해서는 체내의 대사율이 높아지게 되며, 몸무게가 큰 동물일수록 단위체중당 대사율은 작아지게 됩니다. 대사율이 높을수록 생성되는 활성산소는 증가하기 때문에 활성산소의 해로운 영향으로 인해 수명은 짧아진다는 것입니다.

생물 각 부분은 기관과 조직으로 이루어지는데, 이들은 모두 많은 세포들이 모여 구성됩니다. 세포의 노화는 곧 기관과 조직의 기능을 상실시키고 이것은 궁극적으로 개체의 노화를 초래하게 됩니다.

레너드 헤이플릭Leonard Hayflick은 모든 세포들은 종에 따라 정해진 횟수만큼 분열하며, 오래 사는 동물의 세포의 경우 더 많은 횟수의 분열을 할 수 있음을 알아냈습니다. 그리고 최대 분열횟수에 도달하면 더 이상 분열하지 못하고 죽음을 맞이하게 되는 현상을 일컬어, '헤이플릭의 한계(Hayflick's limit)' 라 부릅니다.

죽음이란 개체를 구성하는 수십 조의 세포기능이 정지됨을 의미하며 이와 같이 죽음에 이르는 과정을 '노화' 또는 '노쇠'라 부릅니다. 노화는 개체노화와 세포노화로 나뉘는데 많은 실험들을 통해 세포 수준의 노화가 축적돼 개체 수준의 노화가 일어나는 것으로 결론을 내리게 됐습니다.

세포의 노화와 죽음 현상은 매우 복합적이기 때문에 모든 것을 한번에 설명할 수 있는 보편적 이론은 존재하지 않으며 수백 가지의 이론이 존재하는데, 여기서 대표적 이론 세 가지를 소개하고자 합니다.

첫 번째는 프로그램설입니다. 프로그램설은 생명체가 포함하는 DNA에 수록된 프로그램(계획표, 예정표)에 따라 늙어가 궁극적으로는 죽게 된다는 것입니다. 프로그램설을 설명하는 대표적인 이론으로 텔로미어설이 있습니다.

텔로미어(telomere)란 염색체의 끝부분에 존재하는 반복적 염기서열을 말합니다. 사람의 경우 여섯 개의 염기서열, TTAGGG 염기쌍이 염색체 말단에 수천 번 반복돼 배열돼 있으며 세포분열이 진행되면서 텔로미어 길이는 매번 일정한 길이씩 짧아지게 되고, 텔로미어가 일정한 길이 이하로 짧아지게 되면 세포의 분열은 멈추게 되고 결국 죽게 됩니다. 그러므로 텔로미어는 세포의 분열 횟수를 기록하는 '세포분열 시계'로 간주될 수 있습니다.

과학자들은 짧아지는 텔로미어를 원상복구할 수 있는 효소를 발견

자크 루이 다비드, 〈소크라테스의 죽음〉(1787)

죽음에 대해 우리가 확실히 알고 있는 것은 우리 모두가 죽는다는 사실뿐이다.

했는데 이것은 '불멸화 효소'로 불리는 '텔로머라제(telomerase)'입니다. 텔로머라제는 보통의 체세포에서는 억제돼 그 활성을 찾을 수 없지만, 생식세포와 줄기세포, 그리고 암세포 등에서는 그 활성을 나타내기 때문에 이들 세포는 지속적으로 분열할 수 있습니다.

두 번째로는 환경설이 있는데, 환경적 위해요인들에 대한 생체의 반응에 따라 다시 여러 가지로 나뉩니다. 기계를 오래 사용하면 고장이 나듯이 우리 몸의 세포나 조직의 중요 부분도 오랜 세월 사용되면서 마모되어 버린다는 '마모설', 유해산소의 발생으로 세포 손상이 초래된다는 '활성산소설', 유전자의 돌연변이가 누적되어 세포의 기능을 저하시킨다는 '돌연변이설' 등 매우 다양합니다.

활성산소(유해산소)는 주로 세포의 미토콘드리아에서 에너지를 만들 때 부산물로 발생하며, 이 밖에도 방사선이나 자외선을 쬘 때, 면역세포의 작용, 염증작용, 약품 및 공해 등에 의해 발생하는데, 만들어진 활성산소는 DNA 염기를 공격하고, 과산화지질을 형성하며, 단백질이나 아미노산을 산화해 효소의 기능을 저하시킵니다.

세 번째 이론은 유전자의 다면성(pleiotropy)이론입니다. 우리의 유전자 가운데 생명의 초기 단계에서는 이익을 주지만 후기에는 해로운 영향을 주는 유전자들이 존재한다는 것이며, 이 유전자의 경우 초기에 주는 유익함이 후기에 나타나는 유해함보다 크기 때문에 자연선택에서 남아있을 수 있었다는 것입니다.

이와 같이 죽음은 생명체 내부의 유전자들에 의해 이미 규정이 되어 있을 뿐 아니라 생명을 둘러싼 환경요인들의 영향도 받음으로써 완전히 자연의 섭리 안에서 이루어집니다. 죽음은 결국 하나의 종이 끊임없이 새로워지고 낡은 몸의 원기를 되찾게 하는 생명의 법칙인 셈입니다.

오진탁

한림대 철학과 교수

고려대학교 철학과에서 석, 박사학위를 받았다. 현재 한림대학교 철학과 교수, 생사학연구소
(www.lifendeath.or.kr) 소장으로 재직 중이다. 생사학과 자살예방 등에 관심을
가지고 있다. 지은 책으로는 『마지막 선물 : 웰다잉, 죽음이 가르쳐주는 삶의 지혜』
『자살, 세상에서 가장 불행한 죽음』『죽음, 삶이 존재하는 방식』 등이 있고, 논문으로 「죽음치유」
「자살예방교육 수강생 의식변화」 등이 있다.

이제 죽음 정의는 물질적이며 육체적인 것을 넘어
영혼, 정신, 삶의 의미같이 순전히 물질적인 삶과
생존 이상의 무언가 지속되는 것이 있음을
고려해야 합니다.

최근 우리 사회에서 의학의 발달에 따라 전에 찾아보기 어려웠던 뇌사, 식물인간, 안락사, 존엄사, 임사체험, 호스피스 등 죽음과 관련된 다양한 현상들이 주목받고 있습니다. 죽음 이해와 개념규정의 방향에 따라 죽음에 대한 거부감이나 터부 등을 야기하기도 하고, 삶과 죽음의 방식까지 제한하는 결과를 초래하기도 하므로, 죽음에 대한 개념정의는 중요한 의미를 지닙니다.

그러나 우리 사회에서 죽음이 물화(物化)되고 양화(量化)되는 현상이 갈수록 심화되고 있습니다. 죽음은 살아 있는 사람들을 위한 복지를 논의하는 과정에서 부차적인 일로 다루어지면서, 죽음 담론은 종교에서조차 중요한 일들의 우선순위에서 밀려나고 있습니다.

먼저 죽음 정의라는 용어가 어떻게 사용되고 있는지 살펴보기로 합니다. 『블랙 법률사전 *Black's Law Dictionary*』 4판에서는 죽음에 대한 전통적 정의를 이렇게 말하고 있습니다. "죽음, 생명의 중지. 존재하기를 멈춤. 혈액순환이 체계적으로 멈췄으며 그 결과로 호흡, 맥박과 같은 동물적 생명 기능이 정지했다고 의사가 규정한다."

또 하버드 대학교 뇌사위원회에서는 이렇게 말했습니다. "새로운 죽음 정의에 의해 생명을 구할 수 있는 가능성이 있다. 왜냐하면 죽음에 대한 이러한 정의를 받아들인다면, 이전보다 이식에 필요한 장기의 활력 조건이 크게 향상될 것이기 때문이다. 비록 뇌는 죽었지만 다른 장기는 유용한 상태인 한 시점을 선택하는 것이 최선이다. 우리가 죽

에곤 실레, 〈죽음과 소녀〉(1915)

인간은 왜 죽는 것일까? 죽은 사람은 과연 어디로 가는 것일까?

죽음과 죽음 이후에 대해 정확히 알고 있는 사람은 아무도 없다.

음에 대한 새로운 정의라고 말하면서 분명히 하려고 했던 것이 바로 이것이다.”

새로운(?) 죽음 정의로 생명을 구할 수 있을까요? 죽음을 이렇게 자기 입맛대로, 혹은 제멋대로 정의해도 되는 것입니까? 우리에게 어디 뇌만 있습니까? 인간이 어떻게 육체만의 존재입니까? 죽음을 이런 식으로 정의해도 되는 것이라면, 장기이식은 혹시 활성화될 수 있을지 모릅니다.

그러나 잘못된 죽음 정의에 의해 우리는 더 많은 것을 잃게 됩니다. 죽음도 실용적 측면에서 정의된다면, 인간 존재는 육체만의 존재로 물질화되어 현대 사회의 물신주의 풍조는 더욱 가속되고 생명경시는 한층 만연될 것입니다. 그로 인한 비극은 이미 우리 사회 곳곳에 나타나고 있습니다.

죽음 정의 문제를 다루는 의학과 생명윤리 관련문헌을 조사했더니, 심폐사와 뇌사 등 죽음 판정의 육체적 기준만 논의하고 있었습니다. 죽음 정의 문제에 철학적, 종교적으로 폭넓게 접근해 바람직한 방식으로 죽음을 규정하기 위해 노력하지는 않고, 실용적 차원에서 ‘죽음 판정의 육체적 기준 제시’라는 의학적 문제로 축소됐습니다.

심폐사든지 뇌사든지 이런 논의는 죽음 판정의 육체적 기준과 관련되는 문제임에도 불구하고, 마치 죽음 정의 문제인 양 논의되고 있습니다. 그래서 죽음 문제는 인간의 육신에 초점을 맞추어 단지 의료적인 문제, 법적인 차원에 한정해 생각하는 경향이 있습니다.

인간의 죽음은 단지 뇌사, 심폐사 같은 의학적 차원의 죽음 판정의 육체적 기준의 문제로 축소되니까, 사람들의 죽음 이해 역시 육체 중심으로 한정되어 버리는 결과를 초래하게 된 것입니다.

우리 사회의 성숙한 죽음문화 부재 현상과 죽음에 대한 오해, 그리고 자살사망률 급증은 이와 같은 육체 중심의 죽음 정의와 관계됩니다. 죽음 판정의 육체적 기준 제시와 죽음 판정의 기준 충족 검사 문제에만 초점을 맞추지 말고 보다 큰 틀에서 죽음 정의 문제를 원점에서부터 다시 차분히 논의를 시작할 필요가 있습니다.

죽으면 다 끝나는지, 영혼은 존재하는지와 같은 문제는 현실적으로 의견 차이로 인해 결론을 도출하기 어려울 수 있으므로, 의견 차이를 있는 그대로 드러내놓고 다양한 의견을 폭넓게 제시하기만 하는 것도 한 가지 방법이 될 것입니다.

세계보건기구에 따르면 건강에는 네 가지 측면이 있습니다. 육체적, 사회적, 정신적, 영적인 건강입니다. 최근 세계보건기구에서는 영적인 건강을 추가시킴으로써 우리의 건강에 당연히 영혼이나 영성, 영적인 문제가 결부돼 있음을 분명히 지적하고 있습니다.

건강에 영적인 건강을 포함해 네 가지 측면이 있다면, 죽음도 당연히 네 가지 측면에서 접근해야 합니다. 인간의 삶과 죽음, 생명 혹은 영혼의 문제라는 보다 큰 차원에서 죽음은 진정 무엇을 의미하는지, 인간

피터 브뢰헬, 〈죽음의 승리〉(1562)

죽음은 피할 수 없는 것이며, 죽음 이후의 삶은 믿음에 따라 존재하기도 하고,

그렇지 않기도 하다. 어떻게 생각하는지는 스스로 선택해야 한다.

으로서 존엄한 죽음은 어떤 죽음이어야 하는지 하는 문제를 먼저 심사숙고해야 합니다.

서양에서 생사학을 창시한 퀴블러 로스Elizabeth Kübler Ross도 "진짜 문제는 우리가 죽음에 대한 참된 정의를 갖고 있지 못하기 때문"이라고 말합니다. 죽어가는 환자들을 돌보고 의대생과 신학생들을 가르치면서 그는 죽음에 대한 새로운 정의, 포괄적인 정의를 내리는 일에 부딪혀보기로 결정했습니다.

죽어가는 사람을 많이 보살핀 경험이 있는 그에게 아주 확실하게 죽어가는 사람들의 육신은 껍질에 불과하고, 죽은 사람의 육신은 봄이 돼 더 이상 필요 없어 벗어 던진 겨울 외투처럼 보여졌습니다. 자기가 사랑했던 사람은 더 이상 그 껍질 안에 있지 않다는 것을 알았습니다. 죽음이 찾아오면 시체가 남는 것이지만, 사람은 죽더라도 존재의 양식만 바꿀 뿐 계속 존재한다는 것입니다.

티베트의 달라이 라마도 "죽음이란 육신의 옷을 벗는 행위"라고 말합니다. 티베트어로 육신은 '뤼'라고 불리는데 수하물처럼 사람이 떠난 뒤에 남는 것을 의미합니다. '뤼'라고 말할 때마다 티베트인들은 인간이란 이 삶과 육신에 잠시 머무는 여행자일 뿐이라는 사실을 상기하게 됩니다.

그러므로 인간의 죽음은 뇌사나 심폐사처럼 죽음 판정의 육체적 기준만으로 정의될 수 없고 그렇게 돼서도 안 됩니다. 육체 중심의 죽음 판정 기준이 죽음 정의를 대신하는 그런 사회는 결코 죽음문화가 성숙될 수 없고 자살처럼 불행한 죽음만 양산될 뿐입니다.

사후의 삶에 대한 연구 결과, 인간에게는 영혼이 있고 단순히 이 세상에서의 생존 그 이상의 이유가 있다고 퀴블러 로스는 말합니다. 이제 죽음 정의는 물질적이며 육체적인 것을 넘어 영혼, 정신, 삶의 의미같이 순전히 물질적인 삶과 생존 이상의 무언가 지속되는 것이 있음을 고려해야 합니다.

죽음을 바라보는 다른 시선들

한 해가 저물어갈 때면, 우리는 새삼 세월이 흐르고 있다는 것을 자각한다. 그리고 세월의 흐름, 그 끝자락 어딘가에는 죽음이 덩그러니 입을 벌리고 있으리라는 점도 짐작한다. 과거에도 그러했고, 앞으로도 그러할 것이지만, 죽음은 누구도 피할 수 없는 숙명과도 같은 것이다. 우리는 늘 자신의 죽음에 대한 예감과 가까운 타자의 죽음을 경험하면서 숙연해짐을 느낀다.

생물학적 관점에서 죽음은 한 생물이 더 이상 생물로서 기능하지 않음을 의미한다. 곧 물질대사 등을 행하지 못하고, 무생물로 사라지는 현상을 말한다. 생물이 죽음에 이르는 이유에 대한 이론은 비교적 활발하게 개진돼 있다.

유전자에 이미 세포분열의 한계시한이 기입돼 있다는 설, 환경으로부터 받은 오랜 영향에 의해 마모가 된다는 설, 생명체에 타격을 주는 유전자들이 작동했기 때문이라는 설 등이 분분하다.

만일 생물이 죽지 않는다면 어떤 일이 일어날까. 자연선택에 의한 진화를 할 수 없었을 것이고, 그렇다면 영원히 단세포 생물로만 존재했을 것이다. 오늘날 지구에 만개한 다채로운 생명체들과 인간이라는 고등생물이 존재할 수 있었던 배경에는 개별 생명체들의 무수한 '죽음'이 있었다.

따라서 우리의 유전자에 죽음의 시한폭탄이 장착돼 있다고 하더라도, 놀랄 일은 하나도 없는 셈이다. 우리는 죽는 존재이기에 바로 지금의 '우리'가 된 것이므로.

그런데 생물학이 말하는 죽음은, 우리를 전율하게 하는 바로 그 '죽음'과 일치하진 않는다. 우리에게 죽음은 생물체로서 죽음, 그 이상의 의미를 갖기 때문이다. 인류가 끊임없이 죽음의 의미에 대해 생각하고자 했다는 증거는 바로 종교를 통해 드러난다. 모든 종교는 사후 세계의 존재, 천국과 지옥, 윤회 등 다양한 테마들을 통해 죽음을 '생명의 종말' 이상의 어떤 것으로 자리매김하고자 애를 썼다.

자크 루이 다비드, 〈마라의 죽음〉(1793)

물론 혹자는 종교가 죽음에 대한 두려움을 경감하는 환각제와 같은 역할을 한 것에 불과하다고 말할 수도 있다. 그러나 대부분의 종교는 죽음에 대한 성찰과 가르침을 통해, 윤리적이고 가치 있는 삶을 권유해왔다.

최근에는 웰빙에 이어 웰다잉이 부각되고 있다. 웰빙에 대립되는 의미로서 웰다잉이 아니라, 진정한 웰빙에 기여하는 의미로서 웰다잉에 대한 연구가 진지하게 이뤄지고 있다. 국내에는 '한국죽음학회(회장 최준식·이화여자대학교)'와 '생사학연구소(소장 오진탁·한림대학교)'가 활동을 하고 있다.

퀴블러 로스처럼 생사학을 연구하는 학자들이 하는 일은 죽음에 대한 유사 종교적 교리를 제시하는 것이 아니다. 다만 죽음을 고민함으로써 우리의 삶을 새롭게 인식하고, 더 평화롭고 진지한 생을 가꿔나가자는 권유를 할 따름이다. 웰빙이 유기농 음식, 규칙적 운동, 좋은 환경 등 다소 물질적인 부분을 강조했다면, 웰다잉은 하나뿐인 생의 소중함과 가치와 같은 정신적 의미에 초점을 맞춘다.

생사학으로 유명한 알폰스 디켄Alfons Deeken 조치 대학교 교수는 다음과 같이 말한다. "죽음이 가져오는 비극의 체험은 인생에서 희망과 기쁨을 빼앗고 남은 인생을 원망 속으로 몰아가기도 하지만 타인의 고통을 이해하는 감성이 풍부한 인간으로 성장시킬 수도 있다."

오주훈 교수신문 기자

지식의 이중주

ⓒ고인석 외 2009

1판 1쇄 2009년 1월 29일
1판 2쇄 2009년 12월 2일

지 은 이 고인석 곽호완 김성원 김순권 김승환 김영채
김해동 나정민 문용린 박상주 박수선 박혜원
배정환 서이종 서진호 심귀보 오상진 오주훈
오진탁 윤순진 이관수 이석하 이영의 이준기
전중환 정민걸 최석민 한우진 황수영

기 획 교수신문 | 최익현 오주훈
사이언스타임즈 | 김청한
한국과학창의재단 | 조숙경 김재호

펴 낸 이 김정순
책임편집 허영수 한아름
펴 낸 곳 (주) 북하우스 퍼블리셔스
출판등록 1997년 9월 23일 제406-2003-055호

주 소 121-840 서울시 마포구 서교동 395-4 선진빌딩 6층
전자메일 editor@henamu.com
전화번호 02-3144-3123
팩 스 02-3144-3121

ISBN 978-89-5605-318-9 03100

이 도서의 국립중앙도서관 출판도서목록(CIP)은 e-CIP 홈페이지(http://www.nl.go.kr/ecip)에서
이용하실 수 있습니다.(CIP제어번호 : CIP2009000175)